# 论刑事辨认

On Criminal Identification

陈 效 著

方志出版社
Publishing House of Local Records

**图书在版编目（CIP）数据**

论刑事辨认 / 陈效著 .-- 北京：方志出版社，
2017.12

ISBN 978-7-5144-2897-1

Ⅰ. ①论… Ⅱ. ①陈… Ⅲ. ①刑事诉讼—证据—研究—
中国 Ⅳ. ① D925.213.4

中国版本图书馆 CIP 数据核字（2017）第 323097 号

**论刑事辨认**

**著　　者：**陈　效
**责任编辑：**梅中英

**出 版 人：**冀祥德
**出 版 者：**方志出版社
地址　北京市朝阳区潘家园东里 9 号（国家方志馆 4 层）
邮编　100021
网址　http://www.fzph.org
**发　　行：**方志出版社图书经销中心
电话　（010）67110500
**经　　销：**各地新华书店
**排　　版：**北京纺印图文设计制作有限公司
**印　　刷：**北京中科印刷有限公司

**开　　本：**700 × 1000　1/16
**印　　张：**11
**字　　数：**185 千字
**版　　次：**2017 年 12 月第 1 版　2017 年 12 月第 1 次印刷

ISBN 978-7-5144-2897-1　**定价：**65.00 元

# 第六批《中国社会科学博士后文库》编委会及编辑部成员名单

# 序 言

博士后制度在我国落地生根已逾30年，已经成为国家人才体系建设中的重要一环。30多年来，博士后制度对推动我国人事人才体制机制改革、促进科技创新和经济社会发展发挥了重要的作用，也培养了一批国家急需的高层次创新型人才。

自1986年1月开始招收第一名博士后研究人员起，截至目前，国家已累计招收14万余名博士后研究人员，已经出站的博士后大多成为各领域的科研骨干和学术带头人。这其中，已有50余位博士后当选两院院士；众多博士后入选各类人才计划，其中，国家百千万人才工程年入选率达34.36%，国家杰出青年科学基金入选率平均达21.04%，教育部“长江学者”入选率平均达10%左右。

2015年底，国务院办公厅出台《关于改革完善博士后制度的意见》，要求各地各部门各设站单位按照党中央、国务院决策部署，牢固树立并切实贯彻创新、协调、绿色、开放、共享的发展理念，深入实施创新驱动发展战略和人才优先发展战略，完善体制机制，健全服务体系，推动博士后事业科学发展。这为我国博士后事业的进一步发展指明了方向，也为哲学社会科学领域博士后工作提出了新的研究方向。

习近平总书记在2016年5月17日全国哲学社会科学工作座谈会上发表重要讲话指出：一个国家的发展水平，既取决于自然科学发展水平，也取决于哲学社会科学发展水平。一个没有发达的自然科学的国家不可能走在世界前列，一个没有繁荣的哲学社会科学的国家也不可能走在世界前列。坚持和发展中国特色社会主义，需要不断在实践和理论上进行探索、用发展着的理论指导发展着的实践。在这个过程中，哲学社会科学具有不可替代的重要地位，哲学社会科学工作者具有不可替代的重要作用。这是党和国家领导人对包括哲学社会科学博士后在内的所有哲学社会科学领域的研究者、工作者提出的殷切希望！

中国社会科学院是中央直属的国家哲学社会科学研究机构，在哲学社会科学博士后工作领域处于领军地位。为充分调动哲学社会科学博士后研究人员科研创新积极性，展示哲学社会科学领域博士后优秀成果，提高我国哲学社会科学发展整体水平，中国社会科学院和全国博士后管理委员会于2012年联合推出了《中国社会科学博士后文库》（以下简称《文库》），每年在全国范围内择优出版博士后成果。经过多年的发展，《文库》已经成为集中、系统、全面反映我国哲学社会科学博士后优秀成果的高端学术平台，学术影响力和社会影响力逐年提高。

下一步，做好哲学社会科学博士后工作，做好《文库》工作，要认真学习领会习近平总书记系列重要讲话精神，自觉肩负起新的时代使命，锐意创新、发奋进取。为此，需做到：

第一，始终坚持马克思主义的指导地位。哲学社会科学研究离不开正确的世界观、方法论的指导。习近平总书记深刻指出：坚持以马克思主义为指导，是当代中国哲学社会科学区别于其他哲学社会科学的根本标志，必须旗帜鲜明加以坚持。马克思主义揭示了事物的本质、内在联系及发展规律，是“伟大的认识工具”，是人们观察世界、分析问题的有力思想武器。马克思主义尽管诞生在一个半多世纪之前，但在当今时代，马克思主义与新的时代实践结合起来，愈来愈显示出更加强大的生命力。哲学社会科学博士后研究人员应该更加自觉坚持马克思主义在科研工作中的指导地位，继续推进马克思主义中国化、时代化、大众化，继续发展21世纪马克思主义、当代中国马克思主义。要继续把《文库》建设成为马克思主义中国化最新理论成果的宣传、展示、交流的平台，为中国特色社会主义建设提供强有力的理论支撑。

第二，逐步树立智库意识和品牌意识。哲学社会科学肩负着回答时代命题、规划未来道路的使命。当前中央对哲学社会科学愈发重视，尤其是提出要发挥哲学社会科学在治国理政、提高改革决策水平、推进国家治理体系和治理能力现代化中的作用。从2015年开始，中央已启动了国家高端智库的建设，这对哲学社会科学博士后工作提出了更高的针对性要求，也为哲学社会科学博士后研究提供了更为广阔的应用空间。《文库》依托中国社会科学院，面向全国哲学社会科学领域博士后科研流动站、工作站的博士后征集优秀成果，入选出版的著作也代表了哲学社会科学博士后最高的学术研究水平。因此，要善于把中国社会科学院服务党和国家决策的大智库功能与《文库》的小智库功能结合起来，进而以智库意识推动品牌意识建设，最终树立《文库》的智库意识和品牌意识。

第三，积极推动中国特色哲学社会科学学术体系和话语体系建设。改革开放30多年来，我国在经济建设、政治建设、文化建设、社会建设、生态文明建设和党的建设各个领域都取得了举世瞩目的成就，比历史上任何时期都更接近中华民族伟大复兴的目标。但正如习近平总书记所指出的那样：在解读中国实践、构建中国理论上，我们应该最有发言权，但实际上我国哲学社会科学在国际上的声音还比较小，还处于有理说不出、说了传不开的境地。这里问题的实质，就是中国特色、中国特质的哲学社会科学学术体系和话语体系的缺失和建设问题。具有中国特色、中国特质的学术体系和话语体系必然是由具有中国特色、中国特质的概念、范畴和学科等组成。这一切不是凭空想象得来的，而是在中国化的马克思主义指导下，在参考我们民族特质、历史智慧的基础上再创造出来的。在这一过程中，积极吸纳儒、释、道、墨、名、法、农、杂、兵等各家学说的精髓，无疑是保持中国特色、中国特质的重要保证。换言之，不能站在历史、文化虚无主义立场搞研究。要通过《文库》积极引导哲学社会科学博士后研究人员：一方面，要积极吸收古今中外各种学术资源，坚持古为今用、洋为中用。另一方面，要以中国自己的实践为研究定位，围绕中国自己的问题，坚持问题导向，努力探索具备中国特色、中国特质的概念、范畴与理论体系，在体现继承性和民族性，体现原创性和时代性，体现系统性和专业性方面，不断加强和深化中国特色学术体系和话语体系建设。

新形势下，我国哲学社会科学地位更加重要、任务更加繁重。衷心希望广大哲学社会科学博士后工作者和博士后们，以《文库》系列著作的出版为契机，以习近平总书记在全国哲学社会科学座谈会上的讲话为根本遵循，将自身的研究工作与时代的需求结合起来，将自身的研究工作与国家和人民的召唤结合起来，以深厚的学识修养赢得尊重，以高尚的人格魅力引领风气，在为祖国、为人民立德立功立言中，在实现中华民族伟大复兴中国梦征程中，成就自我、实现价值。

是为序。

王京清

中国社会科学院副院长

中国社会科学院博士后管理委员会主任

2016 年 12 月 1 日

# 摘要

在刑事诉讼中，刑事辨认是查明案件事实、获取证据的一项重要措施。在大陆法系国家，刑事辨认通常被定位为一种侦查行为。其中，在德国以及我国台湾地区，对犯罪嫌疑人的刑事辨认还被定位为一种强制措施或强制处分行为。在英美法系国家，刑事辨认则通常被定位为一种证据调查措施或证明方式。概括而言，不管对刑事辨认的定位如何，刑事辨认之于刑事诉讼的重要意义在于其破案价值、定案价值。然而，由于刑事辨认自身存在的缺陷，刑事辨认程序的瑕疵，以及侦查机关在辨认程序中的违法行为等因素的影响，导致刑事辨认的结果发生错误，进而导致法庭因错误认定案件事实而作出错误裁判。在国内外长期的刑事司法实践中，因错误辨认而产生的刑事冤错案件屡有发生。正因为此，在充分认识刑事辨认相关问题的基础上，英美法系主要国家相继对本国刑事辨认程序与辨认规则、刑事辨认证据的运用等方面予以完善。在我国，错误辨认同样是导致冤错案件发生的一项重要原因。但是，无论在立法还是司法实践中，对于刑事辨认问题的重视依然不够，其主要表现为：刑事辨认的相关立法不够完善，司法实践中违法辨认现象仍然存在，这些不仅直接导致了一些冤错案件的发生，也为司法实践带来了巨大的潜在风险。因此，在预防刑事冤错案件的背景下，对我国刑事辨认的研究具有积极的实践意义。

在本书中，笔者首先以刑事辨认的法律性质为出发点，对国内外相关立法中刑事辨认的内涵进行梳理，并区分国内外刑事辨认的不同定位。在此基础上，从诉讼程序的角度，对刑事辨认的诉讼价值、风险及其影响因素展开论述，以此明确在司法实践中应该如何理性认识刑事辨认在刑事诉讼中所具有的价值，以及在此过程中如何有效降低其同时存在的风险。其次，通过梳理刑事冤错案件与错误辨认之间的内在关联：其一，刑事辨认的结果发生错误；其二，作为证据使用的错误的辨认结果被法庭采纳。据此，以预防错误辨认、防止冤错案件发生为目标，笔者提出实现这一目标的两个方面：刑事辨认的程序设置与刑事辨认的证据运用。一方面，通过刑事辨认程序的合理设置预防错误辨认的发生；另一方面，通过刑事辨认证据的规范运用防止法庭采纳错误的刑事辨认证据。同时，系统评述两大法系主要国家在刑事辨认的程序设置与证据运用两个方面的立法与司法现状。最后，从前述两个方面分别论述我国刑事辨认在刑事辨认程序设置与证据运用中的现状、问题，并就我国刑事辨认的完善提出笔者的建议。

**关键词：** 刑事辨认；价值与风险；程序设置；证据运用

# Abstract

In the criminal procedure, identification is an important method for discovering the fact of cases and obtaining the evidence. In the countries of Continental legal system, identification is usually defined as an investigation measure or a disciplinary measure, which is also defined as a measure of gathering evidence or proof method in the countries of Anglo-American Legal System. No matter which definition, its significant values in the criminal procedure are "Solving the case" and "Deciding the case". However, due to influences by defects of identification itself, flaws of the identification procedure, and illegal activities by investigators in the procedure, the result of identification was incorrect, which could cause the court made wrongful convictions with deciding the wrong fact of the case. In the international criminal justice practices for a long period, misidentification also led to several wrongful convictions. Because of this situation, the main countries of Anglo-American legal system successively made material changes and perfections on identification procedure, application of identification evidence and other aspects on the basis of fully understanding the problems of criminal identification. In China, misidentification was also one of main reasons for wrongful conviction, and the problems of the legislation, illegal activities in the practice still bring the huge risk for the criminal justice. Therefore, under the background of preventing the wrongful conviction in the future, research on domestic identification has important meaning for the practice.

In this book, the author will first analyze the definitions of identification in main countries' legislations, distinguishing the differences from the starting point of its legal nature. Then, in the angle of criminal procedure, the value, risk and its influence factors will be comprehensively discussed, and make clear that how to exert its important role and how to decrease the risk in the meantime. Second, the report will discover the connection between wrongful conviction and identification, which includes that the result of identification was wrong, and the wrong identification evidence was accepted by the court. According to the connection, this report pointed out two aspects for preventing the wrongful conviction: procedure setting and evidence application of criminal identification, which means preventing the mis-identification through just identification procedure setting, and preventing the wrong evidence accepted by the court through normative application. Finally, this report will respectively discuss the situation, problems in domestic identification from the above two aspects, and point out the solutions for perfecting the criminal identification in China.

**Key words**: Criminal Identification; Value and Risk; Procedure Setting; Evidence Application

# 目　录

# Contents

# 绪　论

## 一、问题的提出

长期以来，刑事诉讼中的错误辨认（Misidentification）被认为是引发刑事错案的重要原因之一。在一些国家，通过对已纠错刑事案件的研究发现，错误辨认已成为错案发生的最主要原因。在美国，早在1932年学者埃德文·M. 伯查德（Edwin M. Borchard）便在其《将无辜者定罪：六十五例刑事司法错误》一书中对65例错案进行分析，并得出结论：在刑事案件中，尤其是强奸案与谋杀案中，被告人被错误定罪的最普遍原因来自目击证人的错误辨认。[①]随后，学者厄尔·加德纳（Earl Gardner）与杰罗米·弗兰克（Jerome Frank）又分别于1952年、1957年对其收集的数十件错案进行研究，同样得出类似结论。1988年，在对205例刑事错案的系统分析中，艾耶·莱特纳教授（Arye Rattner）发现其中52.3%的案件归咎于目击证人的错误辨认。[②] 2004年，密歇根大学法学院萨缪尔·格罗斯教授（Samuel R. Gross）等五人在《美国冤案（1989—2003）》报告中再次指出，在已收集的340例案件中，有219例案件至少存在一位目击证人"认错"被告人，约占总数的64%。其中，在121例强奸案件中，107例案件存在目击证人的辨认错误，错误率高达近90%；

---

① See Edwin M. Borchard, *Convicting the Innocent; Sixty-five Actual Errors of Criminal Justice*, New Jersey: Doubleday, 1932; See also Arye Rattner, "Convicted but Innocent: Wrongful Conviction and the Criminal Justice System", *Law and Human Behavior*, Vol. 12, No. 3, Sep. , 1988, p. 285.

② 在莱特纳教授的研究中，其他导致冤错案件发生的原因包括：辩护律师的失职、证人的伪证、虚假供述、警察与检察官的不当行为等。See Arye Rattner, "Convicted but Innocent: Wrongful Conviction and the Criminal Justice System", *Law and Human Behavior*, Vol. 12, No. 3, Sep. , 1988, p. 291.

在205例凶杀案中，也有近50%的案件至少存在一位目击证人的错误辨认。[①] 2011年，弗吉尼亚大学法学院布兰顿·L. 加莱特（Brandon L. Garrett）在其《将无辜者定罪：刑事指控出现问题》一书中对250例通过DNA检测技术获得无罪释放的无辜者的相关案件进行了统计分析，并发现其中190例案件存在目击证人的错误辨认。[②]与此同时，致力于通过DNA检测技术纠正刑事错案的“洗冤工程”组织同样对其在美国境内已纠正的错案中涉及错误辨认的案件进行了详尽分析：在239例通过DNA检测技术得以纠正的错误定罪案件中，近75%的案件存在目击证人的错误辨认，其中，38%的案件中存在多名目击证人错误指认同一名无辜者；在涉及错误辨认的案件中，有53%的案件涉及不同种族间的错误辨认。更为严重的是，在近50%的涉及错误辨认的案件中，目击证人的辨认证言成为被法庭采纳并对被告人定罪的核心证据（在这些案件中，不存在诸如被告人供述、司法鉴定等其他关键证据）。截至2015年7月，根据“洗冤工程”组织公布的最新数据，在325例已由定罪后DNA检测证据纠正的错案中，归因于目击证人错误辨认的案件比例高达72%。[③]

在英国，有学者通过对20世纪50—70年代发生在英格兰的70例刑事错案研究发现，其中一项最为频繁的错误便是在证人与被告人之间“难以令人满意的辨认”。[④] 1972年，由众多法学专家组成的英格兰与威尔士刑法修订委员会（The Criminal Law Revision Committee of England & Wales）在其向英国内政部提交的第11次报告中同样指出，“目前为止，

---

① See Samuel R. Gross, Kristen Jacoby, Daniel J. Matheson, etc., “Exonerations in the United States 1989 through 2003”, *Journal of Criminal Law and Criminology*, Vol. 95, No. 2, Winter, 2005, p. 542.

② See Brandon L. Garrett, *Convicting the Innocence: Where Criminal Prosecutions Go Wrong*, Harvard University Press, 2011, p. 9.

③ 1992年，美国“洗冤工程”（Innocence Project）项目成立于叶史瓦大学本杰明·N. 卡多佐法学院，并于2004年正式成为一个旨在通过DNA检测技术纠正冤错案件的非营利性组织。上述相关数据参见：Innocence Project, “Reevaluating Lineups: Why Witnesses Make Mistakes and How to Reduce the Chance of a Misidentification”, http://www.innocenceproject.org/reevaluating_lineups_why_witnesses_make_mistakes_and_how_to_reduce_the_chance_of_a_misidentification.php，2015年8月9日。

④ See Ruth Brandon, Christie Davies, *Wrongful Imprisonment: Mistaken Convictions and Their Consequences*, Archon Books, 1973; See also Arye Rattner, “Convicted but Innocent: Wrongful Conviction and the Criminal Justice System”, *Law and Human Behavior*, Vol. 12, No. 3, Sep., 1988, p. 285.

错误辨认是造成实际或者可能的错误定罪判决的最重要的原因。"[①] 1974年，在下议院对两例涉及错误辨认的错案中的被告人给予特赦的背景下，英国内政部部长决定成立由德夫林勋爵担任主席的小型委员会，就涉及辨认证据的刑事案件以及相关法律与程序展开调查。在对前述两例错误定罪案件以及1973—1974年英格兰与威尔士上诉法院受理的不服定罪的案件进行统计后，该委员会在其1976年提交至英国内政部的报告中指出："控方证人的错误辨认是导致这些错误定罪案件的主要原因。"报告显示，在1973—1974年英格兰与威尔士上诉法院受理的涉及刑事辨认的案件为67例，其中32例案件经审理后，由上诉法院撤销有罪判决或下令重审，即近48%的涉及刑事辨认的案件存在错误，同时，在这两年上诉法院撤销有罪判决或下令重审的全部258例案件中，约占12.4%，[②]进一步说明错误辨认是英国错误定罪案件的主要原因之一。

此外，在加拿大，其司法部于2005年发布的《预防错案报告》（Report on the Prevention of Miscarriages of Justice）中也同样指出，目击证人的错误辨认及其证言是加拿大以及其他地区错案发生的关键原因之一。[③]

在大陆法系国家，刑事诉讼中的错误辨认同样被认为是导致冤错案件发生的一项重要原因。在法国，著名律师勒内·弗洛里奥在其著作《错案》一书中，通过对法国历史上著名冤错案件的梳理、分析，总结得出包括目击证人的错误辨认在内的导致冤错案件发生的诸多原因。[④] 在德国，自1970年以来，基层法院错判被上级法院纠正的案件达上千例之多，而法官错判案件的原因主要包括：目击证人的辨认失误，警察

① 参见[英]克里斯托弗·艾伦：《英国证据法实务指南》（第四版），王进喜译，中国法制出版社2012年版，第214页。

② See Rt. Hon. Lord Devlin, "Report to the Secretary of State for the Home Department of the Departmental Committee on Evidence of Identification in Criminal Cases", https://www.gov.uk/government/publications/report-to-the-secretary-of-state-for-the-home-department-of-the-departmental-committee-on-evidence-of-identification-in-criminal-cases-1976, 2014年10月6日。

③ FPT Heads of Prosecutions Committee Working Group, Department of Justice Canada, "Report on the Prevention of Miscarriages of Justice", http://www.justice.gc.ca/eng/rp-pr/cj-jp/ccr-rc/pmj-pej/pmj-pej.pdf, 2015年1月23日。

④ 在《错案》一书中，导致错案发生的原因还包括法庭对案件事实的推理错误、被告人的虚假供述、司法鉴定的错误、虚假证言等。参见[法]勒内·弗洛里奥：《错案》，赵淑美、张洪竹译，法律出版社2013年版，第1—118页。

或检察官工作不负责任，以及因警方诱供或刑讯逼供而迫使被告人供认。[①]在日本，通过对20例典型刑事错案的产生原因进行分析，因目击者指认错误而导致冤错案件的比例为14%，是继刑讯逼供导致冤错案件发生情形（比例为50%）之后的第二大原因。[②]

在我国，亦有学者对国内刑事冤错案件及其成因进行了系统的实证研究与分析。其中，在已收集的经媒体报道的自20世纪70年代以来至2011年的178例案件中，有19例案件存在错误辨认，约占错案总数的10.7%，分别为：湖南滕兴善故意杀人案，辽宁李秀武故意杀人案，四川罗开友等故意杀人案，湖北佘祥林故意杀人案，河南赵作海故意杀人案，山西岳兔元故意杀人、诈骗案，河南魏清安强奸、抢劫案，黑龙江赵宝宏强奸案，新疆何鑫敬等强奸案，河北刘前强奸案，河南王俊超奸淫幼女案，海南高中生强奸、寻衅滋事案，云南王树红强奸案，湖北张海生强奸案，海南黄亚全、黄圣育抢劫案，云南陈金昌等抢劫案，广西覃俊虎、兰永奎抢劫、故意杀人案，重庆曹红兵抢劫案，四川邓宇故意伤害案。[③]此外，在2013年、2014年经媒体报道的数十例刑事冤错案件中，重庆董克云强奸、故意杀人案，陕西王江峰抢劫案，湖南欧阳佳抢劫案等案件中同样涉及错误辨认。可以说，在我国刑事司法实践中，错误辨认是继刑讯逼供之后，又一个导致冤错案件发生的重要原因。

需要指出的是，由于各国刑事辨认在内容上不尽相同，错误辨认所表现出的有关刑事辨认的问题也存在较大差异。在国外，尤其是英美法系主要国家，错误辨认集中表现为被害人、证人对犯罪嫌疑人、被告人身份的错误辨认。由于被害人在刑事诉讼中同样以证人的身份作证，因而也统称为“目击证人辨认”（Eyewitness Identification），而这种以目击证人主观记忆作为依据的刑事辨认所反映出的问题，主要是因目击证人记忆的不准确，或因辨认程序、辨认规则存在瑕疵而导致目击证人作出错误辨认等，从而将犯罪指控引向无辜的辨认对象，继而导致错案的发生。

---

① 参见林喜芬：《两个证据规定与证据排除规则》，中国人民公安大学出版社2011年版，第281页。

② 在日本，其他导致错案发生的原因包括：警方伪造证据、律师失职、被害人证词错误等。参见何宏杰、吕宏庆：《日本预防刑事错案的系列改革》，《人民法院报》2013年5月17日第5版。

③ 参见王佳：《刑事辨认的原理与规制》，北京大学出版社2011年版，第11—13页。

以美国为例，在美国“洗冤工程”组织通过 DNA 检测技术纠错的涉及错误辨认的案件中，包括单纯因目击证人记忆不准确所导致的错误辨认在内，还有很多案件存在因辨认程序、辨认规则问题而导致目击证人作出的错误辨认（如表 1 所示）。

**表 1　40 例美国“洗冤工程”组织纠错的涉及错误辨认的错案情况表①**

| 被告人 | 案件类型 | 辨认人 | 刑事辨认中的问题 |
|---|---|---|---|
| Habib Wahir Abdal | 强奸 | 被害人 | 被害人在辨认前受到警方诱导 |
| Richard Alexander | 强奸、抢劫 | 被害人 | 被害人仅凭声音进行辨认 |
| Herman Atkins | 强奸、抢劫 | 被害人、证人 | 在警局辨认前，被害人、证人看到警局内张贴的被告人所涉另一案件的通缉海报 |
| Antonio Beaver | 抢劫 | 被害人 | 在 4 名列队辨认对象中，仅被告人的牙齿存在明显缺陷 |
| Gene Bibbins | 强奸 | 被害人 | 被告人坐在警车内，面部被打上闪光灯后，由被害人进行辨认 |
| Michael Blair | 故意杀人 | 证人 | 证人在辨认前，曾在电视上看到过被告人照片 |
| Orlando Boquete | 性侵犯 | 被害人 | 被害人在 6 米外对警车内的被告人进行辨认 |
| Johnny Briscoe | 强奸、抢劫 | 被害人 | 在列队辨认中，仅被告人的穿着色彩差异大 |
| Danny Brown | 故意杀人 | 证人 | 由被害人 6 岁大的儿子进行辨认 |
| David Johns Bryson | 强奸 | 被害人 | 被害人在案发过程中曾击打过罪犯的要害部位，而被告人碰巧因相同部位的问题去医院看病 |

① 表中案例均摘选自 239 例由美国“洗冤工程”组织通过 DNA 检测技术纠正的典型刑事错案，由于需要证据中存在被告人的 DNA 样本，因而案例以性侵犯案件为主。相关案例内容参见洗冤工程网站：http://www.innocenceproject.org/know/Browse-Profiles.php，2015 年 1 月 16—17 日。

**续表 1**

| 被告人 | 案件类型 | 辨认人 | 刑事辨认中的问题 |
|---|---|---|---|
| Harold Buntin | 强奸、抢劫 | 被害人 | 案发 4 个月后进行辨认，且被害人一只眼盲，一只眼近视 |
| Kevin Byrd | 强奸 | 被害人 | 被害人声称凶犯是一名被晒黑的白人，4 个月后，被害人对被告人（黑人）作出辨认 |
| Dean Cage | 性侵犯 | 被害人 | 案发在夜间，罪犯也戴着帽子；由办案警探主持辨认程序 |
| Leonard Callace | 性侵犯 | 被害人 | 18 个月后进行辨认；被告人样貌与被害人案发后的描述不符 |
| Anthony Capozzi | 性侵犯 | 被害人 | 案发一年后进行辨认；被告人身材与被害人案发后的描述不符 |
| Terry Chalmers | 性侵犯 | 被害人 | 案发后第一次辨认无果，46 天后在第二次辨认中指认被告人，仅被告人的照片同时出现在两次辨认中 |
| Clyde Charles | 性侵犯 | 被害人 | 辨认前，警方已告知被害人相关特征 |
| Charles Chatman | 性侵犯 | 被害人 | 被害人近视，且案发时未戴眼镜 |
| Robert Clark | 性侵犯 | 被害人 | 进行了两次辨认，仅被告人同时出现在两次辨认中 |
| Allen Coco | 性侵犯 | 被害人 | 列队辨认中指认被告人，被告人样貌与被害人案发后的描述不符 |
| McKinley Cromedy | 性侵犯 | 被害人 | 被害人第一次辨认无果，8 个月后第二次辨认中指认被告人 |
| Charles Dabbs | 性侵犯 | 被害人 | 案发过程中被害人失去意识，后在列队辨认中，仅凭被告穿着类似的衣服作出辨认 |

**续表 1**

| 被告人 | 案件类型 | 辨认人 | 刑事辨认中的问题 |
| --- | --- | --- | --- |
| Dwayne Allen Dail | 强奸 | 被害人 | 案发在夜间，且被害人年仅12岁 |
| Cody Davis | 抢劫 | 证人 | 在列队辨认中指认被告人，但被告人手上并无证人辨认前所描述的文身 |
| Alejandro Dominguez | 性侵犯 | 被害人 | 与被害人先前描述的文身不符；辨认中受到暗示 |
| Thomas Doswell | 强奸 | 被害人 | 在照片辨认中，仅被告人照片上有代表“强奸犯”的R字母 |
| Douglas Echols | 性侵犯 | 被害人 | 被害人首先指认了案发现场所在的房屋，后警方锁定了居住其内的被告人 |
| Clarence Elkins | 故意杀人、强奸 | 被害人 | 案发在夜间，案发地光线不好 |
| Joseph Fears | 性侵犯 | 被害人 | 案发过程中被害人已失去意识 |
| Andrew Gossett | 性侵犯 | 被害人 | 通过照片辨认指认被告人，被告人样貌与被害人先前描述不符 |
| David Gray | 性侵犯 | 被害人 | 照片辨认，但被告人的身材比其他人明显小一号 |
| Michael A. Green | 性侵犯 | 被害人 | 列队辨认前，被害人受到警方暗示 |
| Larry Holdren | 性侵犯 | 被害人 | 案发后一个月进行辨认；被告人样貌与被害人先前描述不符 |
| Kerry Kotler | 抢劫、强奸 | 被害人 | 案发时罪犯戴有头盔，被害人依靠声音进行辨认 |
| Robert McClendon | 性侵犯 | 被害人 | 案发时，被害人眼睛被蒙住 |

**续表 1**

| 被告人 | 案件类型 | 辨认人 | 刑事辨认中的问题 |
|---|---|---|---|
| Johnnie Lindsey | 性侵犯 | 被害人 | 案发后辨认未能指认，一年后的再次辨认中指认被告人，照片中被告人衣着与其他辨认对象有明显差异 |
| Arvin Carsell McGee | 性侵犯 | 被害人 | 案发 4 个月后进行辨认，且第一次并未认出被告人 |
| Thomas McGowan | 性侵犯 | 被害人 | 第一次辨认时不能确定，经警方诱导后，对被告人作出辨认 |
| Clark J. McMillan | 强奸、抢劫 | 被害人 | 与先前描述不符，被告人有一只脚是跛的，但此明显特征先前并未被提及 |
| Ronnie Taylor | 性侵犯 | 被害人 | 案发时房间内光线较暗；被害人记忆模糊，且 6 周后才进行辨认 |

通过这些案件可以看出，由于刑事辨认主要依赖于目击证人对犯罪嫌疑人、被告人的主观记忆，一旦这些记忆不准确，或因警方诱导、辨认对象不具有相似性等辨认程序、辨认规则上的瑕疵，将可能直接导致警方错误地锁定犯罪嫌疑人。甚至当辨认结果与目击证人的先前描述并不一致时，警方、控方，乃至法官仍然轻易地采信目击证人的证言，最终导致了错案的发生。虽然上述这些被错误定罪的无辜者已通过 DNA 检测技术获得清白，但其中的大多数人已在监狱服刑多年，甚至有无辜者已在服刑期间过世。可以说，这些案件直观地呈现了刑事辨认中所存在的问题，更进一步地反映出因错误辨认而导致的错案给无辜者所造成的巨大伤害。

在我国，刑事辨认的主体不仅包括证人、被害人，还包括犯罪嫌疑人本人；同时，辨认对象也不仅局限于犯罪嫌疑人，还包括了物品、文件、尸体、场所等，这使得我国刑事诉讼中的错误辨认类型更为多样，也反映出我国刑事辨认在刑事辨认程序、证据运用等方面还存在许多问题。这些问题也都直观地体现在刑事司法实践中的冤错案件之中（详见表 2）。

**表 2　24 例经国内媒体报道的涉及错误辨认的错案情况表①**

| 被告人 | 案件类型 | 辨认人 | 刑事辨认中的问题 |
|---|---|---|---|
| 滕兴善 | 故意杀人 | 证人（被害人家属） | 仅凭尸体复原石膏像的牙齿特征进行辨认后，确认被害人身份 |
| | | 被告人 | 经刑讯逼供后，被迫辨认犯罪现场、凶器 |
| 李秀武 | 故意杀人 | 证人（被告人妻子） | 辨认案发现场遗留的编织袋为自家所有，仅凭与案件无关的物品确认犯罪嫌疑人 |
| 罗开友等 | 故意杀人 | 证人（被害人家属） | 仅凭高度腐败的尸体手指上的顶针进行辨认，确认被害人身份 |
| | | 被告人 | 被迫辨认犯罪现场，但多名被告人对犯罪现场的指认不同 |
| 佘祥林 | 故意杀人 | 证人（被害人家属） | 对高度腐败、面貌难辨的尸体进行辨认，确认被害人身份 |
| | | 被告人 | 被迫在夜间辨认犯罪现场，走错方向后，由警察带路指认 |
| 赵作海 | 故意杀人 | 证人（被害人亲属） | 对无头、无四肢的尸体进行辨认，确认被害人身份 |
| 岳兔元 | 故意杀人、诈骗 | 证人（被害人家属） | 对高度腐败的尸体进行辨认，确认被害人身份 |
| 魏清安 | 强奸、抢劫 | 被害人 | 与辨认前描述不符，且并未提及被告人面部有疤的明显特征 |
| 赵宝宏 | 强奸 | 被害人 | 被告人被单独关在一间屋子内，被害人在门外进行辨认 |
| 何鑫敬等 | 强奸 | 被害人 | 被害人属重度智力残疾，无辨认能力，辨认前接受警方大量模拟辨认训练 |

① 关于该表国内错案的内容，部分选自网络媒体，部分参见江国华主编：《错案追踪系列丛书》，中国政法大学出版社 2016 年版。

**续表 2**

| 被告人 | 案件类型 | 辨认人 | 刑事辨认中的问题 |
|---|---|---|---|
| 刘前 | 强奸 | 被害人 | 经过辨认，被害人指认了被告人 |
| | | 证人 | 经过辨认，证人并不能确定是被告人 |
| 王俊超 | 奸淫幼女 | 被害人 | 案发在夜间野外，且被害人年仅 10 岁 |
| 高中生林某等 | 强奸、寻衅滋事 | 被害人 | 被害人辨认后，不知所踪；辨认笔录上无被害人签名，且与被害人陈述内容存在矛盾 |
| 王树红 | 强奸 | 证人 | 两名证人进入被告人所在的房间进行辨认 |
| | | 被告人 | 刑讯逼供后，被迫辨认犯罪现场 |
| 张海生 | 强奸 | 被害人、证人（被害人同学） | 被害人及证人均为 10 岁左右；辨认时仅被告人脚穿沾有污泥的布鞋，且警察提示她们留意辨认对象的鞋子 |
| 黄亚全、黄圣育 | 抢劫 | 证人（同村小孩） | 案发在夜间户外；同村 6 名小孩被迫指认被告人 |
| 陈金昌等 | 抢劫 | 被害人 | 案发在夜间，被害人未看清罪犯 |
| 覃俊虎等 | 抢劫、故意杀人 | 被告人 | 强迫被告人辨认犯罪现场，当被告人未能指认实际案发现场时，警方没有将此情况记录在辨认笔录中 |
| 曹红兵 | 抢劫 | 证人（被害人家属） | 对高度腐败的尸体进行辨认，依据尸体随身物品，确认被害人身份 |
| | | 被告人 | 在警方诱导下，被迫辨认犯罪现场 |
| 邓宇 | 故意伤害 | 证人 | 案发时，证人据案发现场 20 米远，且光线昏暗 |
| 胥敬祥① | 抢劫 | 被告人 | 被迫辨认家中衣物为“赃物” |

① 参见《迟到的正义——河南胥敬祥 13 年冤案纠错记》,http://news.xinhuanet.com/legal/2005-07/28/content_3280493.htm,2015 年 1 月 23 日。

**续表2**

| 被告人 | 案件类型 | 辨认人 | 刑事辨认中的问题 |
|---|---|---|---|
| 孟存明① | 强奸 | 被害人 | 被告人的身高、是否会说普通话，与被害人案发后的事先描述并不符，且没有进行正式的辨认 |
| 董克云② | 强奸、故意杀人 | 被害人 | 控方提交的被害人辨认笔录在侦查卷内并无原件，辨认笔录疑为后期伪造 |
| | | 被告人 | 被告人被迫辨认犯罪现场 |
| 王江峰③ | 抢劫 | 被害人 | 被害人与被告人关系暧昧，被害人称被告人对其实施抢劫，并进行辨认 |
| | | 被告人 | 被迫指认犯罪现场、销赃地点 |
| 欧阳佳④ | 抢劫 | 被害人 | 辨认程序不规范 |
| | | 同案其他被告人 | 受办案人员诱导，辨认前已看过被告人照片 |

概括来说，在这24例涉及错误辨认的刑事冤错案件中，既包括直接违反刑事辨认程序、辨认规则而导致辨认出现错误的情形，如违反事先讯问规则、混杂辨认规则、单独辨认规则等；又包括因轻信辨认结论，后采取刑讯逼供而间接导致冤错案件发生的问题；同时，对于这些存在瑕疵、甚至是明显错误的辨认笔录证据，绝大多数一审法院均予以采纳并作为认定案件事实的证据。这也从另一个侧面反映出，虽然2012年修改后的《刑事诉讼法》从2013年才明确将辨认笔录作为一种独立的证据种类在刑事诉讼中予以使用，但在司法实践中早已成为认定案件事实的

① 参见《男子入狱9年后无罪释放，要求消除影响未果》，http://news.sina.com.cn/s/l/2007-06-21/021613275059.shtml，2015年1月23日。

② 参见《董克云杀人强奸冤案的辩护意见》，http://www.changhonglawyer.com/docc/shownews.asp?id=224&BigClass=%D7%EE%D0%C2%B6%AF%CC%AC，2015年1月19日。

③ 参见《王江峰一案二审刑事判决书》，http://www.court.gov.cn/zgcpwsw/shanxi/sxstcszjrmfy/xs/201407/t20140714_2072183.htm，2015年1月20日。

④ 参见《欧阳佳抢劫案二审宣判》，http://news.ldnews.cn/loudi/201407/317332.shtml，2015年1月20日；《湖南少年被关5年后无罪获释，称白坐牢滋味办案人该想想》，http://china.cnr.cn/yaowen/201407/t20140716_515857570.shtml，2015年1月20日。

重要依据之一。而刑事辨认证据在立法上的长期空白，在一定程度上也间接导致了这些存在瑕疵、甚至错误的刑事辨认证据轻易地被法庭采纳。

值得注意的是，在这些涉及错误辨认的刑事错案中，我们也看到了刑讯逼供的身影：其一，通过错误辨认锁定了无辜的犯罪嫌疑人、被告人，进而通过刑讯逼供，获得他们的“有罪供述”；其二，通过刑讯逼供，强迫无辜的犯罪嫌疑人、被告人去辨认尸体、犯罪现场、犯罪工具等，同样达到事实上的认罪效果。针对错误辨认与刑讯逼供之间的相互影响，有学者将此种办案模式归结为：“抓人→辨认（或辨认→抓人）→逼供→认罪→破案”。[①]在笔者看来，在此种模式下，错误辨认一方面为刑讯逼供提供了某一特定的对象；而另一方面，错误的刑事辨认证据与逼供而来的“有罪供述”又可以互相印证，使得法庭更易错误地认定案件事实，危害不容小觑。

## 二、国内外研究现状

在国外，目击证人在刑事诉讼中一直有着不可替代的作用，特别是在中世纪欧洲多数国家实行的法定证据制度下，目击证人的证言属于证明力等级最高的完全证据，[②]而宗教信仰之下的宣誓作证制度，更使得目击证人的证言难以受到质疑。作为目击证人证言的一种，目击证人在法庭上的辨认证言同样被法官认为是证明力强、可信度高的证据，而这也正好解释了在前述案件中，即使目击证人的辨认存在瑕疵，或者辨认程序、辨认规则存在问题，甚至个别案件中仅有目击证人的辨认证言，法庭仍然采纳其作为定罪证据并作出有罪裁判。

随着刑事错案的持续发生与曝光，各国学者以及政府也都发现这些错案中的目击证人证言存在诸多问题，尤其是目击证人辨认中目击证人记忆的瑕疵以及辨认程序、辨认规则中存在的问题等，从而深刻认识到

---

① 参见王佳:《刑事辨认的原理与规制》,北京大学出版社 2011 年版,第 23 页。

② 法定证据制度的主要特征是给不同证据设定不同等级的证明力,并在此基础上明确规定了法官判决所必须达到的证明标准,其主要规则是:所有的证据按照证明力等级可以分为完全证据、半证据和不完全证据。完全证据其中之一便是:两个目击证人关于犯罪主要事实的一致陈述,甚至高于犯罪嫌疑人的有罪供述。参见何家弘主编:《证据法学研究》,中国人民大学出版社 2007 年版,第 378 页。

刑事辨认证据的不可靠。概括各国学者及政府部门对于这些问题的研究，主要集中在三个方面。

其一，目击证人辨认自身的瑕疵。这主要表现在目击证人辨认所存在的不准确性，尤其是案发时的视觉环境、目击证人自身记忆模糊，以及其身体、智力缺陷等因素而导致目击证人辨认能力的不足。在此方面，20 世纪初便有学者从认知心理学的范畴，详细分析了目击证人在辨认过程中存在的瑕疵及原因。早在 1841 年，德国司法官布拉维尔在其《直接证人证言的不可信》一文中指出，由于知觉、回忆和陈述时判断的错误，以幻想补充知觉、推理与知觉的混同，再认时错误的辨认，调查记录的无意识伪造等，使证人证言不可信。[①] 1902 年，德国著名犯罪学家沃·李斯特教授开展了认知心理学领域第一个关于目击者辨认准确性实验，指出目击者容易受到诸多心理因素的影响而辨认错误。在美国，心理学家同样从心理学的角度对人的记忆及影响目击证人记忆准确性的因素展开分析。心理学家伊丽莎白·F.洛夫特斯（Elizabeth F. Loftus）在《目击证人证词》一书中对将记忆归结为三个阶段："第一个是习得阶段——对始发事件的观念，在这个阶段，信息被记录并进入人的记忆系统。第二个是保持阶段，也就是在事件发生与对事件进行最终回忆之间经过的时间段。第三个是检索阶段，在这个阶段中，人们回忆大脑所储存的信息。"[②]在此基础上，有学者提出了影响目击证人记忆精确性的两种变数，第一种是司法系统能够控制的体系变数，体系变数大体分为两类：一类是询问证人，这个过程一般会涉及回想记忆；另一类是辨认嫌疑人，这个过程一般会涉及认知记忆。第二种是评价者变数，这是事件背景的一部分，不受司法系统的控制。很显然，提高目击证人记忆精确性的机会在于体系变数；同时，尽管司法系统不能控制评价者变数，但理解它们会有助于确定记忆的质量，即记忆的准确性。[③]在一定程度上可以说，正是心理学家对人类感知、记忆的系统研究，使得刑事司法领域理论界、

① 参见罗大华:《证人证言心理》,群众出版社 1992 年版,第 6 页。

② [美]吉姆·佩特罗、南希·佩特罗:《冤案何以发生——导致冤假错案的八大司法迷信》,苑宁宁、陈效等译,北京大学出版社 2012 年版,第 201—202 页。

③ 参见[美]吉姆·佩特罗、南希·佩特罗:《冤案何以发生——导致冤假错案的八大司法迷信》,苑宁宁、陈效等译,北京大学出版社 2012 年版,第 202 页。

实务界的专家学者正视目击证人辨认的不可靠性，继而关注与研究刑事辨认程序、辨认规则等有助于提高辨认准确性的影响因素。

其二，刑事辨认程序的问题。这一问题主要表现为因辨认程序或辨认规则存在瑕疵问题导致目击证人在辨认过程中作出错误辨认。如，警方在辨认程序中诱导或暗示辨认人作出错误辨认，辨认对象不具有相似性或某一辨认对象具有明显区别于其他辨认对象的特征等而导致辨认人作出错误辨认。就目前各国司法实践中的通行做法而言，刑事辨认程序、辨认规则的完善是确保刑事辨认准确性的最主要手段。

其三，刑事辨认证据的审查及相关证据规则。作为刑事诉讼的核心，审判程序中法庭对控辩双方所提交证据的认定决定了其能否作出正确的裁判，而可能存在瑕疵的目击证人证言或辨认笔录等辨认证据也将在庭审过程中接受控辩双方的质证，并由法庭作出认定，这也是将存在瑕疵或者错误的辨认证据排除在法庭之外的重要手段，以确保法庭所作出的裁判不受错误辨认的影响。

针对这些问题，各国也相继在立法以及司法实践中建立或完善相应的刑事辨认程序、辨认规则，以及相关证据规则等。在美国，在学者、民间组织以及政府的不断推动下，各州相继建立了一系列相对完备的刑事辨认程序与辨认规则。例如，在 1977 年曼森诉布雷斯韦特案中，美国联邦最高法院确立了审查目击证人辨认证言的五个标准：证人在犯罪进行时观察到犯罪行为的机会，证人的精神集中程度，他之前描述犯罪行为的准确性，在对质过程中所表明的确定性，犯罪发生与对质之间的时间间隔。[①]此外，应当衡量暗示性辨认对上述因素和标准的影响程度。进入 21 世纪后，尤其在近几年，随着对目击证人辨认活动更加深入地认识，各国又对之前建立起来的辨认规则加以进一步完善。例如，美国对于辨认对象的混杂辨认规则——将犯罪嫌疑人与多名具有相似特征的辨认对象混杂进行列队或照片辨认，通过模拟实验发现，这一规则反而容易引起辨认人记忆的混乱从而导致辨认人作出错误判断，甚至会出现辨认人因记忆模糊而盲目猜测。有鉴于此，新泽西州、北卡罗来纳州等地区开始推广实施新的辨认规则，即辨认对象不再同时出现，而改为依次

---

① See *Manson v. Braithwaite*, 432 U. S. 98 (1977) No. 75-871, p. 114.

单独（Sequential）出现，并且，在这一规则适用的辨认程序中，要求辨认程序主持者与辨认人均不能知悉队列中的犯罪嫌疑人身份，这一新的辨认规则也称之为“依次双盲”（Sequential Double-blind）规则。①在证据规则方面，美国联邦最高法院早在1967年首次承认了目击者辨认所存在的风险，并依据宪法第六修正案赋予被告人在审前辨认程序中享有律师帮助的权利。否则，针对该被告人的辨认证据将被排除，即刑事辨认证据的排除规则。②此后，美国联邦最高法院又通过多个案例对该排除规则进行了完善。

在英国，为了规范警察在刑事司法中开展辨认活动，英国议会于1984年颁布了《1984年警察与刑事证据法》（Police and Criminal Evidence Act 1984），并在其中《警察实施人物辨认实践守则》（Code of Practice for the Identification of Person by Police Officers，以下简称《守则D》）里详细规定了刑事辨认的相关程序与规则。③同时，针对刑事辨认证据材料在庭审过程中可能存在的风险，英国上诉法院依据著名的腾布案（*R v. Turnbull*）确立了腾布规则（或称腾布指引），以确保可能错误的刑事辨认证据不会影响陪审团对案件事实的认定。根据腾布规则，当刑事辨认证据存在错误风险时，法官必须警告陪审团谨慎、仔细审查辨认证据，告知陪审团需要注意的每一个辨认细节，如“该证人观察了被告多久？多远距离？光线如何……”以及提醒陪审团注意辨认证据中出现的任何缺点等。④

在我国，学界对于刑事辨认的研究始于20世纪80年代。虽然1979年《刑事诉讼法》尚未将刑事辨认纳入法定的侦查行为，⑤但在刑事司法

---

① See Innocence Project，“Eyewitness Identification Reform”，http://www.innocenceproject.org/Content/Eyewitness_Identification_Reform.php，2015年1月24日。

② See *United States v. Wade*，388 U.S.218，1967.

③ 《守则D》详细规定了刑事辨认的各种形式、具体操作程序，以及刑事辨认证据的适用等内容。此后，《守则D》又进行了多次修改，并于2011年3月开始适用最新修改的《警察与刑事证据法》之《守则D》。See Code D，“Police and Criminal Evidence Act 1984 (PACE)”2011 Version，https://www.gov.uk/government/publications/pace-code-d-2011，2014年10月8日。

④ 参见[英]理查德·梅：《刑事证据》，王丽、李贵方等译，法律出版社2007年版，第434页；[英]克里斯托弗·艾伦：《英国证据法实务指南》（第四版），王进喜译，中国法制出版社2012年版，第218页。

⑤ 1979年《刑事诉讼法》未明确规定辨认为侦查措施，而在第116条中，辨认被规定为一种庭审过程中审查证据的措施，即“审判人员应当向被告人出示物证，让他辨认”。

实践，尤其是侦查活动中，刑事辨认已被作为一种侦查措施而广泛运用。在学界，也有学者明确将刑事辨认界定为一种侦查活动。如有学者认为，刑事侦查中的辨认，是指在侦查过程中，为了审查某个人是否同犯罪有联系，或者某个同犯罪有联系的物是否属某人所有，或者为了查明无名尸体的身份，而将该人、物、尸体提供被害人或证人进行识别的侦查活动。同时，该学者指出，刑事辨认能够起到多方面的作用：可以为确定侦查方向和犯罪嫌疑人提供一定的依据；可以为认定某人犯罪提供一定的依据；可以为确认被告人的罪行轻重提供一定依据。[①] 1987 年，公安部首次明确规定了公安机关在侦查活动中对刑事辨认的运用。根据《公安机关办理刑事案件程序规定》（1987 年）第 79 条规定："为了确定被告人和物证，经县以上公安机关负责人或者主管部门负责人批准，可以由被害人、目睹人或知情人对可证明有犯罪嫌疑的人和物进行辨认。辨认经过和结果要制作笔录，由侦查人员和辨认人共同签名。辨认被告人，应当按辨认规则进行。"自此之后，一些学者便开始对刑事辨认的概念、种类，刑事辨认的程序以及相关原则、规则等进行著述，[②]但总体而言，在这一时期我国学界对于刑事辨认的关注仍处于初期的认识阶段。到 20 世纪 90 年代后期，尽管 1996 年《刑事诉讼法》仍未明确规定刑事辨认在侦查活动中的法律地位，但在 1997 年、1998 年最高人民检察院、公安部相继发布的《人民检察院刑事诉讼规则（试行）》《公安机关办理刑事案件程序规定》中明确规定了相关刑事辨认程序、辨认规则等内容后，学界开始有针对性地对这些内容所涉及的刑事辨认程序、辨认规则的不足，以及司法实践中刑事辨认所暴露出来的问题展开分析与论述。到 21 世纪初，刑事司法实践中的错案相继被曝光，而作为导致刑事冤错案件发生的一项重要原因的错误辨认，学界也开始认识到其所带来的巨大危

① 参见李子云:《试论刑事侦查中的辨认》,《法学研究》1985 年第 5 期,第 54 页。也有学者指出,辨认是刑事侦查运用非常广泛的一项侦查策略。适用对象主要为人身辨认、物证辨认、尸体辨认和犯罪现场辨认。参见刘新魁:《论人身辨认(一)——人身辨认的科学依据》,《中国人民公安大学学报》1987 年第 1 期,第 2 页。

② 参见米建中:《对刑事被告人的列队辨认》,《河南公安学刊》1992 年第 2 期;周国均:《关于刑事辨认之研究》,《法律科学》1993 年第 6 期。

害。[①]此外，一些学者在借鉴国外心理学领域关于刑事辨认的研究成果后，也相继展开对刑事辨认的跨学科视角分析。[②]当然，由于我国刑事诉讼发展较晚，很多重大理论与实践问题仍有待解决，刑事辨认作为其中一个不算突出的问题，并未引起学界的重视，特别是在对刑事错案的研究中，学界、司法实务部门所关注的重点仍然集中在如何有效防范刑讯逼供上。可以说，在这一时期，有关刑事辨认的学术研究已从最初的认识阶段转为对刑事辨认程序、规则及其自身瑕疵与问题等方面。

近些年来，在充分认识前述相关问题的基础上，刑事辨认结论作为证据的证据能力与证明力、刑事辨认证据的审查以及相关证据规则等问题逐渐成为学界关注的焦点，[③]司法实务部门也意识到对刑事辨认证据的审查是避免错误辨认引发错案的另一重要方面。为此，2010 年，最高人民法院、最高人民检察院、公安部、国家安全部和司法部联合发布了《关于办理死刑案件审查判断证据若干问题的规定》（以下简称《死刑案件证据规定》），其中第 30 条规定了在死刑案件中对辨认结果审查判断的有关内容，详细列出了不得适用辨认结果作为定案根据的情形，以及需要对辨认结果进行补正或解释的情形。《死刑案件证据规定》第 30 条规定："侦查机关组织的辨认，存在下列情形之一的，应当严格审查，不能确定其真实性的，辨认结果不能作为定案的根据：（一）辨认不是在侦查人员主持下进行的；（二）辨认前使辨认人见到辨认对象的；（三）辨认人的辨认活动没有个别进行的；（四）辨认对象没有混杂在具有类似特征

---

① 相关成果，参见谢鹏：《刑事侦查中辨认的缺陷与司法危险》，《广西公安管理干部学院学报》1999 年第 2 期；张泽涛：《目击者指证错误的原因分析及其防范》，《中国刑事法杂志》2002 年第 4 期。

② 相关成果，参见何恬：《对目击人辨认的心理分析》，《江苏公安专科学校学报》1997 年第 5 期；刘丽娜：《司法辨认的心理机制及相关诉讼规则研究》，《人民检察》1998 年第 12 期；孙金鑫、王刚：《如何使目击证人进行有效辨认》，《公安教育》2001 年第 3 期；苏彦捷、孙金鑫：《反馈对目击证人辨认信心的影响》，《心理与行为研究》2003 年第 1 期。

③ 相关成果，参见左德起、谭淼：《辨认结论的证据效力及其取证程序研究》，《牡丹江师范学院学报》2005 年第 3 期；刘黎明：《完善辨认证据效力之构想——从佘祥林杀妻冤案说开》，《政法学刊》2005 年第 5 期；杨雄：《刑事辨认证据规则初探》，《江西公安专科学校学报》2006 年第 1 期；田小穹：《论辨认的法律属性及其结论的证据能力》，《山东警察学院学报》2011 年第 6 期；韩旭：《辨认笔录证据能力问题研究——以新〈刑事诉讼法〉为视角》，《证据科学》2012 年第 2 期；邓陕峡：《我国刑事笔录类证据制度探析》，《证据科学》2013 年第 1 期；林晖：《辨认笔录的审查要点》，《检察日报》2013 年 5 月 8 日第 11 版；马明亮：《笔尖上的真相——解读刑事诉讼法新增笔录类证据》，《政法论坛》2014 年第 2 期。

的其他对象中，或者供辨认的对象数量不符合规定的；尸体、场所等特定辨认对象除外。（五）辨认中给辨认人明显暗示或者明显有指认嫌疑的。有下列情形之一的，通过有关办案人员的补正或者作出合理解释的，辨认结果可以作为证据使用：（一）主持辨认的侦查人员少于二人的；（二）没有向辨认人详细询问辨认对象的具体特征的；（三）对辨认经过和结果没有制作专门的规范的辨认笔录，或者辨认笔录没有侦查人员、辨认人、见证人的签名或者盖章的；（四）辨认记录过于简单，只有结果没有过程的；（五）案卷中只有辨认笔录，没有被辨认对象的照片、录像等资料，无法获悉辨认的真实情况的。”随后，2012 年新《刑事诉讼法》首次正式将辨认笔录明确为独立的证据种类；同时，最高人民法院、最高人民检察院、公安部也相继在新发布的《最高人民法院关于适用〈中华人民共和国刑事诉讼法〉的解释》（以下简称《刑诉解释》）、《人民检察院刑事诉讼规则（试行）》（以下简称《刑诉规则》）、《公安机关办理刑事案件程序规定》（以下简称《刑诉规定》）中进一步就刑事辨认程序、辨认规则以及刑事辨认证据的审查判断等内容进行了相应的完善。

## 三、研究思路与研究方法

通过对前述国内外冤错案件的分析可以发现，目击证人不准确的主观记忆，刑事辨认程序、辨认规则中存在的问题，以及法庭对错误刑事辨认证据的采信等，确实使错误辨认成为导致刑事错案发生的重要原因。在笔者看来，要想准确找出刑事辨认的症结所在，必须梳理刑事辨认与错案发生之间的内在逻辑关联。在刑事诉讼中，由于刑事辨认的错误，导致侦查机关在案件伊始的侦查阶段就错误地认定了相关案件事实，如锁定错误的犯罪嫌疑人或因对尸体等对象的辨认错误而将侦查引向错误的方向等，而随后开展的侦查活动皆因方向的错误而产生错误的结果，导致对案件事实的认识出现偏差。可以说，在侦查程序中，错误辨认是将案件引向无辜“犯罪嫌疑人”的时间起点。当然，这并不是错案发生的时间节点。因为认定一个人是否有罪，并不是在侦查程序中作出，而是在审判程序中由法庭根据控辩双方提交的证据，在质证、认证的基础上，根据法庭所采纳的证据来认定案件事实，从而依据事实来作出裁判，这也是现代刑事诉讼无罪推定原则的意义所在。具体到刑事辨认上，通过刑事辨认所获得的证据，在经过法庭上的质证、认证后，由法庭决定是否采纳该项证据，从而决定该项证据能否成为认定案件事实的依据之一。也就是说，错误辨认发生后，所获得的错误的辨认证据被法庭采纳，从而导致法庭错误地认定案件事实，继而作出错误的裁判，这才是错误辨认与错案之间的逻辑关系。由此也可以清晰地看到，这一关系的重点在于两个方面：一方面，因错误辨认而获得的辨认证据是错误的；另一方面，错误的刑事辨认证据被法庭采纳。

从刑事证据的角度来看，第一方面指的是刑事辨认证据的收集问题。这一问题主要体现为刑事辨认程序的问题，同时，作为这一问题的前提，还需要认识刑事辨认本身所具有的特点，其主要是指刑事辨认自身所存在的瑕疵，如辨认主体记忆的不准确等。正是由于刑事辨认自身瑕疵的客观存在，才体现出刑事辨认程序的重要性和必要性。第二方面则主要为刑事辨认证据的运用问题。主要包括刑事辨认证据的形式，如辨认笔录，存在缺陷；以及刑事辨认证据的审查，如在庭审阶段对刑事辨认证据的质证、认证等问题。对于第一个问题的解决，其目的在于预防错误辨认的发生，进而防止刑事辨认证据出现错误，而第二个问题的解决则旨在通过庭审对刑事辨认证据进行筛选，避免错误的刑事辨认证据被法庭认定为认定案件事实的依据。通过这两个方面的保障，以提高刑事辨认证据的真实性、可靠性，真正发挥刑事辨认证据在正确认定案件事实上的积极作用。

当然，前述案例中还存在这样一种情形：侦查机关通过错误的刑事辨认锁定了错误的犯罪嫌疑人，并在随后的侦查活动中通过采取刑讯逼供等非法手段获得犯罪嫌疑人供述等相关证据。在此情形下，即便没有提交刑事辨认证据，法庭也仍可能作出错误的裁判，这也在一定程度上反映出错误辨认成为错案发生的间接原因。正是因为这一情形的存在，才体现出在预防因错误辨认而引发错案的过程中，应首先力求刑事辨认的准确性，即确保通过刑事辨认获得的证据没有错误，同时，也能够防止侦查机关被错误的刑事辨认误导，而影响后续的侦查以及证据收集活动；其次，在无法完全保证刑事辨认的准确性，或难以避免其自身所存在的缺陷时，依靠法庭对刑事辨认证据的审查来排除因错误辨认而获得的错误的，或有瑕疵的辨认证据，从而减少、避免错误的刑事辨认证据对认定案件事实的影响，进而切断错误辨认与错案之间的关联。

综上所述，本书的研究思路将以预防错误辨认、防止错案发生为目标，从刑事辨认的程序设置及其证据运用两个方面出发，分析刑事辨认在我国刑事司法实践中存在的问题及其产生的原因，探讨未来我国刑事辨认的程序设置与证据运用的完善。就刑事辨认的程序设置来说，其目的旨在确保刑事案件的诉讼程序始终在一个正确的方向上，避免因错误辨认将案件引向错误的方向，即确保刑事辨认证据的收集不发生错误，力求刑事辨认证据的真实性。从刑事辨认的证据运用来说，其目的在于确保法庭在审判程序中，通过对刑事辨认证据的审查，将错误的刑事辨认证据排除在外，使之不成为据以认定事实、作出裁判的证据。

在研究方法上，本书主要采用以下研究方法：

一是实证分析方法。对于一项长期适用于刑事司法实践中的制度，通过数据统计、案例分析等实证研究方法，能够直观、清楚地认识到这一制度所存在的问题及其严重性。笔者也正是在看到这些数据、案例后，才意识到对我国刑事辨认制度的研究有着积极的实践意义。关于数据、案例，本报告不仅搜集了国内涉及错误辨认的典型冤错案件，在国外部分，还大范围收集了美国“洗冤工程”组织通过 DNA 检测技术而纠正的涉及错误辨认的 200 多个案例，并在其中摘选出 40 例典型案例，直观地呈现了国内外刑事诉讼中错误辨认的多样类型，也反映出不同刑事辨认制度所存在的问题。

二是比较分析方法。在搜集国内外有关刑事辨认资料的过程中，笔者发现，尽管各国刑事诉讼中多有关于刑事辨认的规定，但由于各国刑事诉讼模式的不同，刑事辨认在其中的定位、作用等也不尽相同。尤其英美法系国家对于目击证人辨认的重视程度，大陆法系国家难以与之相比，这也使得英美法系国家针对刑事辨认建立了一整套完整、复杂的程序、规则，以及相关证据规则，并仍旧在不断完善之中。本书不仅通过比较分析的方法对比国内外刑事辨认的不同，还将通过对国内外，尤其是不同诉讼模式下刑事辨认的比较，发现其之所以不同的根本所在，据此，才能在研究、借鉴国外更为完善的刑事辨认程序设置及其证据运用的过程中，找到适合我国刑事诉讼模式以及司法实践的可行之策。

三是跨学科研究方法。如前所述，影响刑事辨认准确性的因素不仅有刑事辨认程序、辨认规则的问题，还有辨认人自身的问题。而就辨认人自身问题而言，国内外相关心理学专家已展开专门研究。本书在分析影响刑事辨认准确性因素的内容时，亦从心理学的角度对影响辨认结果准确性的相关因素展开研究、分析。

# 第一章　刑事辨认本体论

作为一项查明案件事实、收集定案证据的重要措施，刑事辨认在各国刑事司法实践中已得到广泛运用。同时，由于各国诉讼模式的差异，刑事辨认在其中的法律定位也有所不同。概括而言，在职权主义模式下，刑事辨认通常被界定为侦查机关查明案件事实的一项侦查措施；而在当事人主义模式下，刑事辨认则被视为检控机关证明某一案件事实的过程或者方式。正是基于对刑事辨认的不同定位，各国刑事辨认在内容上也不尽相同，包括辨认主体范围的不同、辨认对象范围的不同以及具体辨认形式上的不同等。在我国刑事司法实践中，刑事辨认同样被定位为一项侦查措施，和侦查机关查明案件事实、收集定案证据的一项重要手段，而在具体内容上，与各国的刑事辨认却存在较大差别。

## 第一节　刑事辨认之法律定位

### 一、职权主义模式中的刑事辨认

在职权主义诉讼模式下的大陆法系主要国家及地区，刑事辨认在刑事诉讼中通常被定位为一项被侦查机关所普遍采用的侦查措施。当然，各国之间也有其不同之处。

在德国，刑事诉讼中并未有明确的“辨认”一说，有关规定散见于刑事诉讼法律规范的不同条文之中。根据这些条文的相关内容，刑事辨认主要是一项对人的身份进行“辨识”的侦查措施。其中，对犯罪嫌疑人的身份辨识又被定位为一种强制措施。例如，《德国刑事诉讼法典》第81条b规定：“只要为进行刑事程序或辨认目的所必要，即使违背被指控人意思，亦允许对其拍照、提取指纹，以及进行测量和类似措施。”① 第163条b规定：“某人具有犯罪行为嫌疑时，检察院和警察官员可以采取为确定身份所必要的措施……如果不扣留嫌疑人不能确定身份或确定身份十分困难，允许扣留嫌疑人。……亦准许搜查嫌疑人人身及其携带物，以及实施辨识措施。”②同时，在证人对犯罪嫌疑人进行面对面辨认时，也准许强制实施第58条第2款所规定的“对质”，并且在辨认过程中，“亦得对之强制更变发型及胡须”。③此外，身份辨识不仅限于对活着的人，还包括对死者，如《德国刑事诉讼法典》第88条规定：“（一）解剖尸体前，应当确定死者身份。为此目的可以特别询问与死者相识人员并采取辨认措施。为确定死者身份与性别，准许提取体细胞并进行分子基因检查……（二）如果有被指控人，应当带其辨识尸体。”④

在俄罗斯，《俄罗斯联邦刑事诉讼法典》明确将刑事辨认定位为侦查机关采取的侦查行为之一，其本质在于“向辨认人（可以是证人、被害人、刑事被告人或犯罪嫌疑人）提出某一客体，以查明该客体是否正是辨认人在一定情况下所看到的，以及是否具有他在以前的陈述中所叙述的特征和特点”。⑤作为一项独立的侦查行为，《俄罗斯联邦刑事诉讼法典》第193条对侦查机关实施刑事辨认的程序、规则等内容作出了详细规定。

在我国台湾地区，由于以德国法为借鉴，司法警察对犯罪嫌疑人的身份确认同样属于刑事诉讼中对犯罪嫌疑人基本权利的强制处分，在台湾学界也称之为基本权干预处分。有关身份确认的内容主要依附于台湾相关刑事诉讼规定第12章“证据”之第3节“鉴定”关于对被告/犯罪

---

① 宗玉琨译注：《德国刑事诉讼法典》，知识产权出版社2013年版，第41页。

② 宗玉琨译注：《德国刑事诉讼法典》，知识产权出版社2013年版，第164页。

③ 参见[德]克劳思·罗科信：《刑事诉讼法》（第24版），吴丽琪译，法律出版社2003年版，第273、319页。

④ 宗玉琨译注：《德国刑事诉讼法典》，知识产权出版社2013年版，第49页。

⑤ 参见[俄]K. ф. 古岑科主编：《俄罗斯刑事诉讼教程》，黄道秀、王志华、崔熳、丛凤玲译，中国人民公安大学出版社2007年版，第316页。

嫌疑人之身体检查处分的相关规定，或称之为“确认身份处分”。例如，其中第205条之1规定：“鉴定人因鉴定之必要，得经审判长、受命法官或检察官之许可，采取分泌物、排泄物、血液、毛发或其他出自或附着身体之物，并得采取指纹、脚印、声调、笔迹、照相或其他相类之行为。”第205条之2规定：“检察事务官、司法警察官或司法警察因调查犯罪情形及搜集证据之必要，对于经拘提或逮捕到案之犯罪嫌疑人或被告，得违反犯罪嫌疑人或被告之意思，采取其指纹、掌纹、脚印，予以照相、测量身高或类似之行为；有相当理由认为采取毛发、唾液、尿液、声调或吐气得作为犯罪之证据时，并得采取之。”上述两条均为2003年台湾相关刑事诉讼规定修订后的新增规定，对此，台湾大学林钰雄教授认为，新增内容似乎将两种目的不同的处分混为一谈，“①纯为确认身份目的而进行的辨识措施，如照相、测量身高；②为未来之鉴定目的而为的采样处分，如采取毛发、唾液、尿液等”，确认身份是预防性警察措施，以及前阶段之追诉性措施的重点所在，因此，赋予司法警察此等权限，有其必要；反之，如果是为了鉴定目的之采样处分，通常已经进入某种程度的追诉性阶段，概括容许司法警察不论情形是否急迫的干预权限，似有商榷余地。[①]

与德国刑事诉讼法不同的是，对于在辨认过程中是否可以强制改变犯罪嫌疑人的发型、胡须等身体特征，2003年修改后的台湾相关刑事诉讼规定并未明确其为强制处分。对此，林钰雄教授认为，“理发、刮胡子等便于指认的处分，应属现行‘刑事诉讼法’第205条之2的授权范围”，即变更发型、胡须等身体特征属于为刑事辨认之目的而实施的一种强制处分。[②]就此点而言，德国联邦宪法法院认为，理发及刮胡子的检查处分，并未侵犯被告人受基本法保障之人性尊严及身体完整性基本权。其授权根据为《德国刑事诉讼法典》第81条b的确认身份措施，因为该条容许对被告人进行照相、采指纹及其他基于为了追诉目的而确认身份之类似处分；理发及刮胡子的处分，其目的就是为了确认被告身份的同一性。当然，也有德国学者主张，改变身体特征之处

---

① 参见林钰雄：《干预处分与刑事证据》，北京大学出版社2010年版，第51—56页。

② 对于德国现行法与台湾现行相关规定中关于辨认过程中改变犯罪嫌疑人身体特征的强制处分，参见林钰雄：《干预处分与刑事证据》，北京大学出版社2010年版，第62—65页。

分，应比照第81条a之法官保留原则，事先取得法官的许可；同时，基于《德国联邦共和国基本法》中的比例原则，如果是轻微犯罪，原则上不应容许任何改变身体特征之措施。对此，林钰雄教授同样认为，台湾现行相关规定中的改变身体特征之处分，应类推适用身体检查处分之授权方式，司法警察欲为改变身体特征之处分时，应先取得法官或检察官许可；同时，至少应该排除为追诉轻微犯罪目的而强制改变身体特征之可能性。

可以说，台湾相关刑事诉讼规定中的“辨认”主要是对犯罪嫌疑人、被告人的身份确认，在方法上主要为“指纹、掌纹、脚印，予以照相、测量身高或类似之行为”，而采取毛发、唾液、血液等干预措施则属于鉴定的范畴。同时，在台湾，警察机关还会采取“指认”的方法对犯罪嫌疑人进行身份确认，从其内容上看，这一方法才是本书所指的“刑事辨认”，即由辨认人对犯罪嫌疑人的身份进行辨认，其相关程序则规定在“警察机关实施指认犯罪嫌疑人程序要领”之中。

需要指出的是，在职权主义的诉讼模式下，刑事辨认之所以被定位为一种侦查措施，甚至是强制措施或强制处分行为，其主要是因为在此种模式下，尤其是在侦查程序中，查明案件事实、收集定案证据的责任归于侦查机关，具体则由检察官或警察通过行使国家赋予的侦查权力来履行这一责任。而作为一项能够有效查明案件事实、收集定案证据的措施，刑事辨认便由检察官或警察依据职权并在国家权力的保障下予以强制实施。然而，作为诉讼的另一方，犯罪嫌疑人并不负有上述责任。同时，虽然犯罪嫌疑人在侦查程序中同样处于诉讼主体的地位并享有一系列诉讼权利，但在此过程中，犯罪嫌疑人无法对抗国家权力，并且需要接受国家权力对其的强制处分，包括对其进行讯问，或对其进行辨认等。

当然，正是由于犯罪嫌疑人无法有效对抗国家权力，使得国家权力可能被滥用，尤其在侦查阶段，犯罪嫌疑人的合法权益更易受到侵犯。因此，刑事诉讼同样需要为其提供必要的法律保护。在采取职权主义诉讼模式的大陆法系主要国家及地区，最为普遍的保护措施便是对强制措施或侦查行为进行司法审查，即通过法官的审查来制约侦查权的行使。

如在德国，依据《德意志联邦共和国基本法》第19条，《德国法院组织法》第23条，以及《德国刑事诉讼法典》第98条第2项、第128条、第161条a等规定，在刑事诉讼程序中，对于强制措施的司法审查采取相对的法官保留原则。尤其在侦查阶段设立的侦查法官，其主要职责之一便是在侦查阶段受理申请核发侵犯公民基本权利的强制措施的命令。当然，在紧急情况下，检警可依据例外权限，直接实施相关强制措施。具体到刑事辨认措施的实施时，依据《德国刑事诉讼法典》第163条b、第163条c的规定，[①]检察官或警察可直接依职权对犯罪嫌疑人实施辨认措施，但当采取辨认措施所需时间超过必要时间时，需及时将犯罪嫌疑人带至地方法院，由法官决定是否准许和继续剥夺犯罪嫌疑人的自由以对其确认身份。同时，当犯罪嫌疑人对所进行的辨认不服时，则可依据《德国刑事诉讼法典》第98条第2项第2段的规定，向侦查庭的法官请求裁判。但是，当所进行的辨认只是预防性的辨识措施时，“则应依行政法院法第40条以下所规定之行政法律途径办理之”。[②]对于预防警察性质的辨识措施，笔者认为，其属于《德国刑事诉讼法典》第81条b中所列的“警察登记部门的需要”而采取的辨认措施，目的在于为未来刑事诉讼或刑事案件的辨认而采取的预防性措施，但该预防性措施并非因刑事诉讼之目的，或涉及某一具体刑事案件而进行的辨认，因而属于警察部门实施的一项行政行为。

总体而言，在职权主义模式中，刑事辨认的法律定位属于侦检机关依据其权力所实施的侦查措施或强制措施之一。同时，由于刑事辨认措施对犯罪嫌疑人基本权利的侵害程度较小，因而在实施过程中，一般并不需要经过司法审查，侦查机关、检察机关可依据被赋予的国家权力直接实施刑事辨认。如在俄罗斯，虽然《俄罗斯联邦刑事诉讼法典》第29条、165条明确规定了法院对侦查行为的司法审查程序，但对于刑事辨认，该法同样未作出要求，而由侦查机关直接依据职权实施刑事辨认措施。[③]

---

① 参见宗玉琨译注:《德国刑事诉讼法典》,知识产权出版社2013年版,第164—165页。

② 参见[德]克劳思·罗科信:《刑事诉讼法》(第24版),吴丽琪译,法律出版社2003年版,第319—320页。

③ 参见《俄罗斯联邦刑事诉讼法典(新款)》,黄道秀译,中国人民公安大学出版社2006年版,第25、153页。

## 二、当事人主义模式中的刑事辨认

与职权主义模式下的法律定位不同，在当事人主义诉讼模式下，刑事辨认被看成是检控方用以证明某一案件事实的过程或者方式，如在《牛津法律大辞典》中，“辨认”的解释为：“证明某一特定的人或事就是与正处于被调查中的特定事件有关的人或事的过程。可以采用目击证人的证据、指纹证据、来自出事地点、出自被告人身体和衣着上的软泥、血液等方面的证据，或使用其他方法进行认定。”①根据这一解释，在刑事诉讼中，辨认被定位为一个证明过程，但在具体方法上，并不仅限于目击证人的辨认，还包括指纹辨认，以及软泥、血液等物的辨认。需要指出的是，虽然这一概念中还包括了对事的证明过程，但在英美法系主要国家的立法及司法实践中，刑事辨认则集中在对犯罪嫌疑人的身份辨认上。同时，在具体内容上，英美法系主要国家的刑事辨认的内涵更为丰富。如在英国，大法官理查德·梅在其《刑事证据》一书中指出，“辨认身份的证据常在审判中起到很重要的作用……对被告辨认的方法不同，包括眼见，指纹，占有致罪物证，或接受相似事实证据”，还包括 DNA 辨认、声音辨认、笔迹以及血迹分析等辨认方式。②此外，英国《1984 年警察与刑事证据法》中《守则 D》还规定了通过鞋印、掌纹的辨认。③

在美国，《联邦证据规则》第 901 条（b）款从证据的角度列举了刑事辨认的主要内容：

---

① ［英］戴维·M. 沃克：《牛津法律大辞典》，李双元等译，法律出版社 2003 年版，第 545 页。此外，在《元照英美法词典》中，“Identification”一词的解释是：“鉴定、识别、认定同一、辨认、验明，即证明某个被指控犯有某项罪行的人确是该罪犯，或某项被提交到法庭之物正是该存在争议之物或诉讼所涉之物，或认定两种笔迹同一……”参见《元照英美法词典》，法律出版社 2003 年版。在《布莱克法律词典》中，虽然没有“Identification”一词的解释，但对“Identify”一词的解释中，同样包含了相似内容，“证明人或物的同一性”。See Bryan A. Garner Editor in Chief, *Black's Law Dictionary* (8$^{th}$ *Edition*), Thomson West, 2004, p. 2177.

② 参见［英］理查德·梅：《刑事证据》，王丽、李贵方等译，法律出版社 2007 年版，第 433—469 页。

③ See Code of Practice for the Identification of Person by Police Officers, "Police and Criminal Evidence Act 1984", https://www.gov.uk/government/uploads/system/uploads/attachment_data/file/253831/pace-code-d-2011.pdf.

（1）知情证人的证言。对于该项，并不仅限于目击证人对犯罪嫌疑人的身份辨认，还包括对与案件有关的实物证据的辨认。美国西北大学罗纳德·艾伦教授指出，实物证据可以通过容易辨认的特征或通过保管链条而进行的辨认予以证明：

“考虑一下谋杀案审判的情况，在审判中检控方欲提供一把刀子作为凶器。并非任何刀子都可以成为凶器。检控方必须依据《联邦证据规则》901，通过证明这把刀子与本案的干系，为这把刀子作为一件展示件被采纳而铺垫基础。……被传唤出庭指认这把刀子的证人，何以知道它就是发现于犯罪现场的那把刀子呢？这有两种主要的辨认方法。证人可能会认出那把刀子——典型情况下是因为它具有容易辨认的特征——从而满足了《联邦证据规则》901（b）（1）的要求。其标志可能是它具有独特的造型或刀柄上刻有大写字母……也可以是刀子被发现时上面存在的商标、数字或标签。在合众国诉艾布鲁案［*United States v. Abreu*，952 F. 2d 1458，1467—1468（1st Cir. 1992）］中，一位毒品探员作证说，通过辨认查封时贴在枪上的证据标签及他在标签上的签名，他认出一支猎枪是他在被告寓所起获的那支。”①

（2）笔迹的非专家意见，即由非专家证人对笔迹的辨认。

（3）与众不同的特征及类似特点，即证据与环境联系的外观、内容、实质、内部结构或者其他与众不同的特征。

（4）关于声音的意见，即根据在任何时候将声音与所称说话者联系在一起的环境中听过该声音的意见而进行的声音辨认。②

此外，在美国刑事司法实践中，也存在着对犯罪现场的辨认，如前述道格拉斯·埃克尔斯（Douglas Echols）一案中，警方便首先带着被害人辨认犯罪现场所在的房屋，随后锁定了居住在屋子内的两名住户。

在澳大利亚，刑事辨认的内容主要为对犯罪嫌疑人身份的证明。在2014年12月1日最新发布的《1914年犯罪法》（Crimes Act 1914）中，

---

① ［美］罗纳德·J. 艾伦、理查德·B. 库恩斯、埃莉诺·斯威夫特：《证据法：文本、问题和案例》（第三版），张保生、王进喜、赵滢译，高等教育出版社2006年版，第219页。

② 关于《联邦证据规则》第901条的内容，参见王进喜：《美国〈联邦证据规则〉（2011年重塑版）条解》，中国法制出版社2012年版，第309—310页。

第3ZJ条详细列举了对犯罪嫌疑人身份辨认的材料取样，包括一个人的手纹、指纹、足纹，或者一个人的声音，笔迹的样本，照片等，以及相关辨认程序。[①]同时，在2012年7月1日最新汇编的《1995年证据法》中，对于辨认证据的界定也集中在确认被告人身份的证据上，即“某人确认被告人是或者相似（在视觉、听觉或其他方面）出现在下列地点或在其附近的人：被告人所控犯罪的行为发生地；或者与犯罪有联系的行为发生地”。[②]

对此，笔者认为，在当事人主义的诉讼模式中，刑事辨认之所以被定位为检控方进行的一种证明活动，而非职权主义下的强制措施或侦查行为，是因为在当事人主义模式下，基于控辩双方平等的当事人地位，检控人员并不独享作为查明案件事实重要手段的侦查权力，犯罪嫌疑人及其律师同样享有旨在查明案件事实、收集证据的调查取证权利。正如达马斯卡所分析的论断，“在当事人主义的诉讼模式中，诉讼应当按照理论上平等的两造之间发生纠纷，而由法官判决纠纷结果的形态构建。此种诉讼模式中的各个主角都有其确定的、独立的而且互不相容的职能：控方的目的是为了将被告绳之以法；被告方的目的是为了阻止控方的此种努力。控方必须确定要证明的事实主张，而且必须列举支持其事实主张的证据；而被告方同样要确定对其有利的事实主张，并提出支持他的所有事实抗辩的证据”。[③]同时，在控辩双方平等的基础上，原则上控方不得侵犯当事人的基本权利而强制对辩方开展调查取证活动。例如，在德国，检察官或警察可以为辨认目的而限制犯罪嫌疑人的人身自由，且在法定时间内，无须获得法官的准许；而在当事人主义模式下，除非犯罪嫌疑人可能出逃或涉嫌重罪等情形，一般并不能限制其人身自由，如有必要限制犯罪嫌疑人的人身自由，则必须经过法官的审查。同时，在控方对辩方进行调查取证时，辩方可以在全程获得律师的帮助，以加强辩方当事人对控方的对抗能力，确保其基本权利不受侵犯。可以说，在此

① See 3ZJ,“Crimes Act 1914”,http://www.comlaw.gov.au/Details/C2014C00788/Download,2015年2月2日。

② See Part 3.9,“Evidence Act 1995”,http://www.comlaw.gov.au/Details/C2012C00518/Download,2015年2月2日。

③ 参见[美]米尔吉安·R.达马斯卡:《比较法视野中的证据制度》,吴宏耀、魏晓娜译,中国人民公安大学出版社2006年版,第156页。

种情形下，刑事辨认在定位上也不具有作为强制措施或侦查行为的法理基础，而将其定位为控方所采取的一种证明案件事实的过程或者方式。

需要指出的是，基于对刑事辨认的不同定位，当事人主义模式与职权主义模式下刑事辨认的具体内容也存在较大差异。首先，在当事人主义诉讼模式下，犯罪嫌疑人不属于辨认主体的范围，或者说控方无权要求犯罪嫌疑人对与其涉及的案件中的人或物进行辨认。这是因为刑事辨认的主要目的在于证明案件事实中的人或物，如果犯罪嫌疑人进行辨认，在本质上无疑属于自证其罪。另一方面，让犯罪嫌疑人进行辨认，把犯罪嫌疑人作为证据来源，也破坏了控辩双方的力量平衡和诉讼地位的平等，这显然与当事人主义的诉讼理念相违背。而在职权主义模式下，如俄罗斯，犯罪嫌疑人仍是法定的辨认主体。其次，在对犯罪嫌疑人进行辨认时，其有权获得律师的帮助。为了使辩方在诉讼中能够平等地对抗控方，尤其在控方调查取证的过程中保证其基本权利不受侵犯，律师的参与能够有效提升在此过程中辩方的对抗能力。并且，在一定程度上，刑事辨认的结果能够直接决定刑事诉讼的走向，即一旦辨认人对犯罪嫌疑人作出肯定的辨认，犯罪嫌疑人将面临后续更大的诉讼负担，因而也就更需要律师参与到辨认的过程中，对控方的辨认程序进行监督，避免错误辨认的出现。相比之下，虽然在职权主义模式下，犯罪嫌疑人在侦查阶段同样享有一系列诉讼权利，并可获得辩护律师的帮助，但在刑事辨认的过程中，并未规定辩护律师可以参与其中。最后，由于刑事辨认是控方用于证明案件事实中的人或物，需要在庭审中提交给作为事实裁判者的法官或陪审团，因此，在英美等国，刑事辨认不仅限于审前程序中，一般还要进行当庭一对一辨认，以便法庭当庭对证人的辨认证言进行审查。而在职权主义模式下，刑事辨认通常是以辨认笔录的证据形式提交到法庭，并由法官予以审查。同时，在具体的审查方式上，也存在较大差别。

在笔者看来，虽然两种诉讼模式下对刑事辨认的定位不同，但其目的均是通过明确刑事辨认在刑事诉讼中的法律属性，从而采取相应措施以“制约权力”或“保障权利”，即在职权主义模式下，通过限制刑事辨认过程中国家权力对公民基本权利的侵犯；而在当事人主义模式下，则通过赋予辩方当事人足够的权利以对抗控方对其基本权利可能造成的侵犯。就此点而言，两种诉讼模式可以说是殊途同归。

## 三、刑事辨认在我国的法律定位

虽然刑事辨认在我国司法实践中已得到广泛适用，但1979年、1996年《刑事诉讼法》均未对其作出规定，直到2012年《刑事诉讼法》才明确了辨认笔录的证据地位。当然，新《刑事诉讼法》仍未明确其在刑事诉讼中的法律定位。关于我国官方对刑事辨认的定位，主要见于2012年最高人民检察院发布的《人民检察院刑事诉讼规则（试行）》，以及公安部发布的《公安机关办理刑事案件程序规定》。《人民检察院刑事诉讼规则（试行）》第257条规定："为了查明案情，在必要的时候，检察人员可以让被害人、证人和犯罪嫌疑人对与犯罪有关的物品、文件、尸体或场所进行辨认；也可以让被害人、证人对犯罪嫌疑人进行辨认，或者让犯罪嫌疑人对其他犯罪嫌疑人进行辨认。"《公安机关办理刑事案件程序规定》第249条规定："为了查明案情，在必要的时候，侦查人员可以让被害人、证人或者犯罪嫌疑人对与犯罪有关的物品、文件、尸体、场所或者犯罪嫌疑人进行辨认。"从上述两个条文可看出，虽然两部门在有关刑事辨认的具体表述上有所不同，但由于两部门在实施刑事辨认时均以侦查机关的身份进行，这也表明在官方语境下，刑事辨认属于一项侦查措施。

在学界，从对辨认概念的界定中可以看出，多数学者同样将刑事辨认定位为一种侦查措施，其中一些学者甚至直接将其称之为"侦查辨认"。例如，"侦查中的辨认，是指在侦查人员的主持下，由识别者对识别对象进行比较，使识别者大脑记忆中的客体的形象与被识别客体的形象加以同一认定或区别的一种侦查措施"[①]"辨认，亦称侦查辨认，是指在侦查人员的主持下由证人、被害人或者其他有关人员对与案件有关的物品、尸体、场所及犯罪嫌疑人等进行的鉴别认证活动"[②]。同时，其他一些学者虽然没有直接使用"侦查辨认"一词，但也将其界定为侦查措施或侦查活动的一种，如"辨认，是指在侦查人员的主持下，由被害人、证人或者犯罪嫌疑人对与犯罪有关的物品、文件、尸体、场所或者犯罪

---

① 何理主编:《侦查措施教程》,警官教育出版社1999年版,第222页。

② 张公正、程军伟主编:《新编刑事侦查学》,陕西人民出版社2000年版,第170页。

嫌疑人进行辨别和确认的一种侦查活动”[①]。

除此之外，也有学者在界定刑事辨认的概念时，并未明确其法律定位，而是以辨认人为主体，从辨认过程的角度予以界定，如“辨认是辨认人通过自己大脑中的印象判断与案件事实有关的客体是否为他所曾经感知过之物的活动。辨认过程一般分为感知、记忆和辨识三个阶段”[②]“辨认就是辨认人将侦查人员出示的客体同过去所见的客体加以对照、识别，从而作出是否同一的认定。辨认是依靠人的记忆所进行的识别活动，辨认的依据是辨认客体在案发前或案发过程中与辨认人有过一定时间的接触，从而在人的头脑中形成的印象”[③]。还有学者从心理学的角度来认识这一辨认过程，“是辨认人将头脑中的特征印象和辨认对象进行比较，并对是否同一作出肯定或否定的思维过程，因此它有心理学上的依据，它的心理机制遵循人的记忆规律”[④]。

还有个别学者在参考当事人主义诉讼模式中的刑事辨认的基础上提出，刑事辨认并不仅限于侦查阶段，其所具有的查明案件事实的功能在其他诉讼阶段也发挥着作用。因此，刑事辨认应是指，“在刑事诉讼程序中，在侦查人员、检察人员、法官、律师的组织下，由辨认人对与查明案件事实有关的人、物、场所进行感知，并将感知到的客体特征与过去感知过的客体特征进行对比、判断，从而认定二者是否同一的证据调查措施”。[⑤]对此，在笔者看来，将刑事辨认定位为一种证据调查措施，实际上是从其诉讼功能的角度予以定位，而忽略了这一措施得以实施的权

---

① 陈光中主编:《刑事诉讼法》(第五版),北京大学出版社 2013 年版,第 299 页。此外,其他关于刑事辨认的界定还包括:辨认是一种与询问人、询问被害人密切相关的侦查措施,是询问的一种特殊形式。参见赵永琛:《刑事侦查学理论研究综述》,群众出版社 2002 年版,第 3 页。刑事辨认作为一项常规的侦查措施,是指侦查机关为了查明案情,组织有关人员对与案件有关的人、物、场所等进行识别、认证的活动,其本质是同一认定的过程。参见郭晓彬主编:《侦查策略与措施》,法律出版社 2000 年版,第 65 页。辨认是指侦查人员为了查清案件事实,组织具有相应条件的人员对案件涉及的有关人、未知名尸体、物品或场所进行识别和认证的一种侦查措施。参见孟宪文主编:《刑事侦查学》,中国人民公安大学出版社 2004 年版,第 165 页。刑事辨认是侦查机关为查明案情或审查犯罪嫌疑人而组织安排的有关人员对与案件有关的人、物、场所进行识别的一种措施。参见徐立根主编:《侦查学》,中国人民大学出版社 1991 年版,第 136 页。

② 何家弘、刘品新:《证据法学》,法律出版社 2004 年版,第 409 页。

③ 马海舰:《刑事侦查措施》,法律出版社 2006 年版,第 91 页。

④ 刘丽娜:《司法辨认的心理机制及相关诉讼理论规则研究》,《人民检察》1998 年第 12 期,第 14 页。

⑤ 参见王佳:《刑事辨认的原理与规制》,北京大学出版社 2011 年版,第 65 页。

力背景，即侦查机关基于侦查权而采取辨认措施。并且，虽然辨认措施同样也是收集、调查证据的过程，但在司法实践中，这一措施均由侦查机关行使。同时，从证据的角度说，通过辨认收集的证据，均是检察机关指控被告人有罪的证据，具有明显的倾向性，因而中性的“证据调查”一词并不能体现出其证据所具有的定罪取向。因此，笔者认为，在我国刑事司法的现实语境下，刑事辨认同样应定位为一项侦查措施。

## 第二节　刑事辨认之解析

如前所述，在不同诉讼模式下，各国刑事辨认在辨认主体的范围、辨认对象的范围以及辨认形式等具体内容上也存在较大差异。例如，在辨认主体方面，当事人主义诉讼模式下的辨认主体一般仅包括被害人、证人，而在职权主义诉讼模式下，辨认主体还包括犯罪嫌疑人。在辨认对象方面，前者一般集中在犯罪嫌疑人的身份上，而后者还包括与犯罪有关的物品、场所、尸体等。同时，在具体辨认手段上，前者不仅限于辨认人依据其感官记忆进行辨认，还可依靠指纹、血液等样本对犯罪嫌疑人身份进行辨认，而后者则主要依靠辨认人的感官记忆进行辨认。此外，在辨认形式上，各国也不尽相同。鉴于本报告立足于我国刑事辨认的完善，因此，本部分将以我国的刑事辨认为参照，并对其具体内容加以解析。

### 一、刑事辨认的主体

从广义上讲，刑事辨认的主体主要包括两类：其一，刑事辨认程序的主持者、监督者，本报告称之为“刑事辨认的程序主体”；其二，具体实施辨认行为的辨认人，本报告称之为“刑事辨认的行为主体”。

**（一）刑事辨认的程序主体**

在各国的刑事辨认程序中，程序主体主要包括：

其一，辨认程序的主持者。由于各国刑事辨认主要发生在审前的侦查阶段，且刑事辨认的主要作用在于查明案件事实，因而辨认程序的主持者主要以侦查人员为主。在我国，其主要包括人民警察，以及检察院自侦案件中的检察官。在我国台湾地区，侦查阶段辨认程序的主持者主要是检察事务官、司法警察官或司法警察，其中，“指认”程序的主持者仅为警察。在德国，按“检警一体化”的侦查模式，辨认程序的主持者同时包括检察官与警察。而在英、美等国，辨认程序的主持者仍以警察为主。需要指出的是，在各国长期的司法实践中，不管是警察还是检察官，均为负责办理案件的警察或检察官。这也导致少数办案警察或检察官受迫于办案压力，诱导或暗示辨认、强迫辨认人作出肯定的辨认。为此，在英、美等国，已开始采取由非办案警察或不知情警察主持辨认程序的形式。此外，值得指出的是，在意大利，辨认程序直接由法官主持。

其二，辨认程序的监督者。由于辨认的目的为获得辨认证据，在英美法系的一些国家，为防止因辨认程序的违法而导致该类证据被法庭排除，负责起诉的检察官也会参与到辨认程序中，一方面，对警察主持的辨认程序予以指导，另一方面，也是避免因警察的不当操作或有意暗示、诱导等而导致辨认证据被法庭排除，就此点来说，检察官的作用更在于对辨认程序的监督。同时，在英、美等国，参加刑事辨认的犯罪嫌疑人还有获得律师帮助的权利。具体做法为在辨认过程中，犯罪嫌疑人有权要求辩护律师在场，使警察在组织辨认程序过程中的言行受到监督，以防止警察违反程序来诱导、暗示甚至逼迫辨认人作出肯定的辨认，从而维护犯罪嫌疑人的基本权利。并且，在英国与澳大利亚，犯罪嫌疑人的亲友等关系人也可受邀参加辨认程序，并有权对辨认程序的实施过程提出异议，同样起到了监督者的作用。

**（二）刑事辨认的行为主体**

刑事辨认的行为主体，也即辨认人，在各国刑事辨认中主要包括：

其一，被害人。作为犯罪行为的直接侵害对象，被害人显然具有辨认行为的主体适格性。这一点从国内外众多案例中可以发现，绝大部分犯罪案件中的刑事辨认均包含被害人的辨认，尤其是对犯罪嫌疑人的辨认。例如，当犯罪人直接侵犯被害人的人身与财产权利时，如强奸、抢劫、故意伤害等案件，被害人在犯罪的全过程中均与罪犯保持着近距离的接触，一般也有着充分的时间观察或发现罪犯的显著特征，如身高、肤色、文身等，均有利于被害人准确辨认。同时，对于与犯罪有关的物品的辨认，如被抢或被盗的个人财物，被害人同样能够准确地作出辨认。可以说，在刑事辨认中，被害人具有对犯罪嫌疑人、与犯罪有关的物品及场所等进行辨认的最有利条件。当然，在司法实践中，由于犯罪环境、犯罪人蒙面、被害人个人受惊吓程度等因素的影响，被害人辨认的准确性也受到影响。这也正需要通过完善刑事辨认的程序与规则来帮助被害人准确回忆，从而作出准确的辨认。

第二，目击证人。目击证人同样是刑事辨认中的一类重要主体。但相比被害人来说，目击证人也有其难以作出准确辨认的不利因素。首先，目击证人只是犯罪发生的旁观者，甚至在多数案件中，目击证人只看见了犯罪的某一个过程，在有的目击证人辨认中，甚至只是看见犯罪嫌疑人曾到过案发现场，而并非直接目击了罪犯实施犯罪的全过程。其次，目击证人在时间和空间上也无法像被害人那样长时间、近距离观察罪犯，难以有效发现、识别罪犯的个人特征。最后，由于犯罪并不关涉证人的人身和财产权益，在很多情况下，证人并不会特别注意到犯罪的发生，也就更不会特别留意或观察罪犯。此外，由于犯罪现场的外界环境，证人目击犯罪的光线、角度等因素，也会在很大程度上影响目击证人。正是因为上述这些不利因素，也使得目击证人的辨认存在较高的不准确性。

第三，犯罪嫌疑人或被告人。关于犯罪嫌疑人或被告人是否属于刑事辨认的行为主体，各国的法律规定并不一致。在我国，犯罪嫌疑人或被告人作为刑事辨认的行为主体，不仅包括对与犯罪有关的物品、文件、尸体、场所等的辨认，还包括共同犯罪中对其他犯罪嫌疑人的辨认。在俄罗斯，刑事诉讼法同样作出类似规定。在德国，刑事诉讼法则主要规定了犯罪嫌疑人对尸体的辨认。而在英美法系，由于采取当事人主义的诉讼模式，控辩双方处于平等地位，控方不得强行向被辩方取证，因而犯罪嫌疑人也就不属于刑事辨认的主体。关于此点，本报告已在上节作出论述。

## 二、刑事辨认的对象

如前所述，刑事辨认的重要作用在于查明案件事实，而刑事辨认的对象也主要集中为案件事实的某一组成部分，如犯罪行为的实施者、犯罪工具、被害人、犯罪地点等内容。具体主要包括：

第一，犯罪嫌疑人。刑事司法的一个重要目的在于惩罚犯罪，即对有罪的人予以实施法律上的惩罚，而实现惩罚犯罪目的的一个重要前提便是确定实施犯罪的人。具体到刑事诉讼的过程中，即要求在法庭进行审判以前，必须有具体的犯罪嫌疑人、被告人。如果犯罪嫌疑人、被告人没有到案或身份不明，诉讼程序则无法进行，也就无法实现惩罚犯罪的目的。为此，世界各国刑事辨认的一项重要内容便是对犯罪嫌疑人身份的辨认。事实上，在司法实践的诸多案例中，正是通过辨认锁定犯罪嫌疑人，继而对其展开讯问、实施搜查、进行鉴定等侦查措施，从而收集到相关定案证据，最终由法庭作出裁判的。当然，由于犯罪嫌疑人在刑事诉讼中的地位特殊，一旦辨认错误，便可能将无辜的人牵扯到诉讼中来，再加之追诉机关对国家权力的不当使用甚至滥用，也就极易导致对无辜的人错误定罪。前述美国“洗冤工程”组织发现并通过 DNA 检测纠正的错案中，绝大部分错案发生均是因为对犯罪嫌疑人的错误辨认，使得大量无辜的人被错误定罪，继而为此付出了人身自由甚至生命的代价。

第二，尸体。在我国以及大陆法系一些国家，对尸体的身份辨认也是刑事辨认中的一项重要内容。从本质上讲，对尸体的身份辨认实际是对被害人身份的确认。通过确认被害人的身份，便可以扩展新的侦查方向，通过对被害人生前相关信息的了解，如是否与人发生冲突、纠纷等，从而锁定相关犯罪嫌疑人。当然，由于发现时尸体可能已经高度腐烂，使得仅凭辨认人的感官记忆并不能保证辨认的准确性。同时，随着科技手段的引入，对尸体的身份认定已不再需要依赖人的感官辨认，而主要依靠 DNA 等技术的鉴定。此外，由于客体的特殊性，在对尸体进行辨认时，一般也有着特殊的辨认程序或规则，如对尸体辨认无须客体数量的要求，更不可能采用混同辨认规则。

第三，与犯罪有关的物品、文件、场所等。在刑事诉讼中，通过对与犯罪有关的物品、文件或场所等进行辨认，如犯罪工具、赃物等，同样可以为进一步扩展侦查思路、查明案件事实提供帮助。但与对犯罪嫌疑人、尸体的辨认相比，此类客体一般不具有独有的特征，一些物品，如作案凶器，可能只是普通的商品而已。因此，除非该类客体具有显著特征，否则难以保证辨认的准确性。同时，随着物证检验技术的发展，同样可能取代辨认人的感官记忆来认定相关的物品、文件或场所等。

需要指出的是，在对上述对象进行辨认的具体手段上，各国之间也存在着较大差异。尤其在对犯罪嫌疑人身份的辨认上，不仅包括依靠辨认人感官记忆而进行的辨认，还包括对指纹、血液等样本进行检测的辨认措施，而这些措施在我国刑事诉讼中属于司法鉴定的范畴。对此，笔者在此予以明确，在本报告中，对上述对象所进行的辨认，仅指依靠辨认人感官记忆而进行的辨认。

## 三、刑事辨认的形式

在现代各国立法及司法实践中，刑事辨认不再是过去那种由辨认人对犯罪嫌疑人、物品等对象的一对一的简单辨认。依据辨认对象的不同、辨认对象载体的不同，以及辨认时间、地点等因素的不同，各国在立法及司法实践中也建立了与之相对应的辨认程序、辨认规则等。为此，本书将重点关注以下不同的辨认形式。

### （一）真人辨认、实物辨认与媒介辨认

依据对象属性以及对象载体的不同，可分为真人辨认、实物辨认与媒介辨认。真人辨认是指对犯罪嫌疑人本人进行辨认，在各国立法上亦称之为“列队辨认”，即由若干名具有类似特征的人员，如身高、体型、发型、肤色等相近，列队后供辨认人进行辨认。实物辨认，同样是将若干具有相似特征的实物同时供辨认人进行辨认。与之相对，媒介辨认是指在辨认过程中，相关对象并不直接供辨认人进行辨认，而是通过拍照、录像，甚至通过模拟画像等媒介载体将辨认对象呈现在辨认人面前。相比较而言，真人辨认与实物辨认能够整体、直观地将客体的特征展现出来，辨认人也能更加全面、准确地依据感官记忆对客体加以辨认，例如，在对犯罪嫌疑人的列队辨认中，辨认人可以从身高、体型、肤色等各方

面进行全面观察，甚至可以通过让列队人员说话或做出某一动作，来帮助其更准确地进行辨认。而媒介辨认受自身的限制，只能将对象的部分特征呈现出来，如犯罪嫌疑人的照片，并不能准确地将其身高、体型等特征表现出来，这也就加大了辨认人的辨认难度，从而影响了辨认结果的准确性。

**（二）混杂辨认与单一辨认**

依据辨认对象的数量，可分为混杂辨认与单一辨认。混杂辨认是指在辨认时，应当向辨认人提供若干具有相似特征的客体进行辨认，主要用于对人和物的辨认。混杂辨认也是各国司法实践中一项重要的辨认规则。单一辨认是指在辨认时，仅向辨认人提供单一对象进行辨认，一般是因为对象具有独有性或唯一性而无法增加类似客体。在司法实践中，对尸体以及与犯罪有关的场所进行辨认时，一般均采用单一辨认的形式。

**（三）公开辨认与秘密辨认**

在对犯罪嫌疑人的辨认中，依据辨认地点的不同，还可分为公开辨认与秘密辨认。公开辨认是指在被辨认人知情的情况下，对其进行辨认。在各国司法实践中，一般均以公开辨认为原则。在一些国家，对于已被列为重点怀疑对象或犯罪嫌疑人的被辨认人，在参加辨认程序时，需要让其知情，以便其及时获得律师的帮助。当然，出于对辨认人的保护，被辨认人并不知道具体是谁对其进行辨认。秘密辨认是指在被辨认人不知情的情况下，由辨认人对其进行辨认，一般在侦查机关并不知道具体犯罪嫌疑人时采用该种形式，也可称之为“寻查辨认”。在国外，最为典型的秘密辨认便是街头辨认，即由侦查机关组织辨认人在犯罪嫌疑人可能经常出现的场所进行辨认。

**（四）审前辨认与庭审辨认**

依据辨认时间的不同，也可分为审前辨认与庭审辨认。审前辨认，主要是指侦查机关或检控机关在案件审理前，为查明事实、收集证据而进行的辨认。庭审辨认，是指在法庭审理过程中，法庭基于审查证据的目的而进行的当庭辨认。从刑事证据的角度来看，审前辨认是对刑事辨认证据的收集，而庭审辨认则侧重于对该类证据的认定，二者的目的不同。在刑事诉讼中，审前辨认的作用更为重要，对诉讼结果的影响更大，所以各国在审前辨认中建立了更为规范、复杂的辨认程序与规则。

# 第二章　刑事辨认价值论

在各国刑事司法实践中，刑事辨认均有着重要的诉讼价值，其主要可分为两项内容：其一，刑事辨认的破案价值。不管是大陆法系国家还是英美法系国家，某一犯罪案件的诉讼程序得以顺利进行的重要前提便是破案，即查明案件事实，如查获犯罪嫌疑人，确认尸体身份，确定犯罪工具、犯罪场所等。尤其在大陆法系国家，刑事辨认作为一项侦查措施，其功能便集中体现为侦查犯罪。并且，作为一个独立的诉讼阶段，侦查阶段中对案件事实的查明与否，直接决定了案件能否进入下一个诉讼阶段。其二，刑事辨认的定案价值。在刑事诉讼中，基于无罪推定原则，认定一个人是否有罪还要经过法庭的审判，而在证据裁判原则的要求下，法庭需要依据证据来认定案件事实，从而作出裁判。这也就意味着破案仅仅是刑事诉讼的开始，而诉讼程序的结束还要依靠证据来进行定案。事实上，刑事辨认不仅是一个查明案件事实的过程，也是一个收集证据的过程，通过将辨认结果转化为辨认笔录或证人当庭辨认证言的形式，为法庭提供定案的证据，因而也可称之为刑事辨认的证据价值。

与此同时，刑事辨认诉讼价值的实现有其重要的前提条件，即辨认结果的准确。如果辨认不准确，或者说辨认错误，不仅无法实现其破案价值、定案价值，还会给案件的诉讼程序带来巨大风险，如因错误辨认犯罪嫌疑人而导致错误追究无辜者的刑事责任，乃至错误定罪。正如前文所述，国内外大量错案发生的重要原因之一便是辨认结果的错误。可以说，刑事辨认结果的准确与否，正是其诉讼风险存在的根源。对此，国外学者对刑事辨认的准确性展开了大量研究，心理学家也通过大量实验从人类认知、记忆等心理学领域对刑事辨认准确性的影响因素进行了深入分析。其中，既包括辨认主体、辨认对象等自身所存在的内在影响因素，又包括辨认程序设置、实施等问题的外在影响因素。在这些因素的共同影响下，使得刑事辨认成为刑事诉讼中一把价值与风险并存的双刃剑。

## 第一节　刑事辨认的诉讼价值

### 一、刑事辨认的破案价值

不管是在大陆法系国家还是英美法系国家，犯罪案件进入刑事司法程序的重要前提之一便是破案，即查明案件事实、查获犯罪嫌疑人。[①]在大陆法系国家，刑事诉讼程序中设置了独立的侦查阶段，警察或者检察官在此阶段的一项重要任务就是查明案件事实、查获犯罪嫌疑人，否则，相关案件则无法进入下一阶段的诉讼程序。在英美法系国家，虽然刑事诉讼程序没有划分独立的侦查阶段，但在其审前程序收集、调查证据的过程中，警察与检察官同样需要清晰地梳理案件事实的脉络，确定犯罪嫌疑人的身份，以此明确调查的方向，从而有针对性地收集证据。具体而言，刑事辨认的破案价值包括两项内容：

其一，确定犯罪嫌疑人身份。在刑事司法实践中，当某一犯罪案件发生之后，其首要任务便是确定犯罪行为由谁实施，在诉讼程序上，也即确定案件的犯罪嫌疑人。之所以确定犯罪嫌疑人具有如此重要的意义，其在于：一方面，从刑事实体法的角度来看，任何犯罪的发生均有其行为实施的主体，这也是犯罪构成的基本组成部分。[②]另一方面，从程序法的角度来看，犯罪嫌疑人是刑事诉讼的重要主体之一，其身份的确定关系到诉讼程序能否顺利进行。对于侦查机关来说，查获犯罪嫌疑人是其

① 在刑事侦查学上，传统的破案模式包括“从人到案”“从案到人”两种模式，虽然“人”“案”先后有别，但其内容上均包括：查明案件事实、查获犯罪行为人。在笔者看来，从刑事诉讼的角度看，“人”则是指犯罪嫌疑人。参见杨秉发主编：《刑事侦查学》，当代世界出版社2000年版，第196—197页。

② 在刑法理论中，不管是犯罪构成的“四要件说”还是“三要件说”，犯罪主体均是其中的基本组成部分。事实上，虽然“二要件说”没有明确犯罪主体的内容，但其“有责性”中已然包含了犯罪行为主体的刑事责任。

侦查任务的重要内容之一，犯罪嫌疑人的身份没有确定，侦查任务也就无法完成；而对于检控机关来说，没有确定的犯罪嫌疑人，便无法对案件提起诉讼。正是鉴于犯罪嫌疑人在刑事诉讼的特殊地位，各国立法均规定了多种确认犯罪嫌疑人身份的措施或方法，其中便包括了通过被害人、证人等对其进行辨认。事实上，从各国刑事司法实践来看，特别是在英美法系主要国家的刑事司法实践中，刑事辨认的最主要功能便是对犯罪嫌疑人身份的确认。当然，随着科学技术在犯罪调查中的广泛运用，如 DNA 检测技术、指纹鉴定等，依靠被害人、证人的感官记忆来辨认犯罪嫌疑人将可能不再是主要的手段。在多数情形下，刑事辨认在审前程序中的作用在于由侦查机关或检控机关通过辨认对犯罪嫌疑人进行初步筛选，将犯罪嫌疑人锁定在具有某一特征的小部分范围内，随后再通过指纹、DNA 等技术最终确定犯罪嫌疑人的身份。然而，与此同时，犯罪人的反侦查能力也在提高，在实施犯罪行为时能够避免留下自己的指纹、DNA 样本等，使得侦查机关或检控机关难以有效运用科技手段对其身份进行确定。例如，在一例强奸案中，犯罪嫌疑人并未留下自己的指纹或 DNA 样本，现场也没有监控摄像头，此时，唯一能对犯罪嫌疑人的身份进行确定的只能是被害人。在此情形下，侦查人员需要依靠被害人在案发过程中对犯罪嫌疑人的相貌、体型等特征的记忆来对犯罪嫌疑人进行辨认，从而确定犯罪嫌疑人的身份。并且，在刑事案件的侦破过程中，当证人或被害人能够直接辨认出犯罪嫌疑人时，也可以省去 DNA 检测等手段运用的时间，不仅能节约司法成本，还能更快地侦破案件。当然，与指纹鉴定、DNA 检测等技术相比，刑事辨认并不能保证其绝对准确，但在缺少检材等条件下，刑事辨认在确定犯罪嫌疑人身份上仍能发挥重要的作用。在笔者看来，这也是在科技手段大量运用到刑事司法实践的今天，刑事辨认仍有其存在价值的重要原因之一。

其二，明确案件侦查或调查方向。如前所述，在大陆法系的一些国家，除犯罪嫌疑人之外，刑事辨认的对象还包括尸体、与犯罪有关的物品或场所等。虽然对这些对象的辨认并不能使犯罪嫌疑人被直接查获，但同样能够为侦查机关或检控机关查明案件事实提供重要的线索，明确案件侦查或调查的方向。例如，通过对尸体的辨认，能够确认被害死者的身份信息，从而让侦查人员明确以被害人为调查方向，围绕死者生前的相关事实，从而找出死者被害的可能原因，继而锁定相关犯罪嫌疑人。通过对犯罪工具等与犯罪有关的物品的辨认，可以寻找相关物品的所有者或持有者，侦查人员同样可以依此方向进一步调查案件相关事实。当然，与对犯罪嫌疑人身份的确定相比，明确案件侦查或调查方向属于刑事辨认破案价值的次要内容。

## 二、刑事辨认的定案价值

在现代刑事诉讼中，基于无罪推定原则的要求，未经审判不得认定任何人有罪，即一个人是否有罪必须由法庭在庭审中认定案件事实并据以作出裁判。而法庭认定案件事实的依据则又是控辩双方在法庭提交的证据。就刑事辨认来说，不管是作为侦查阶段的侦查措施，还是审前程序中证据调查的方法，其辨认结果均要转化为书面的辨认笔录或辨认人在法庭当庭作出证言的形式呈现在法庭之上，为法庭认定案件事实提供依据，这便是刑事辨认作为证据的定案价值。并且，从司法实践来看，检控机关在法庭审理中使用刑事辨认证据的情形均在于证明犯罪嫌疑人确系犯罪事实的行为主体或相关物品确与犯罪有关等犯罪事实，其实质上是证明犯罪嫌疑人、被告人的有罪性。从此点来说，刑事辨认的定案价值也可称之为定罪价值。

在笔者看来，相比刑事辨认的破案价值，其作为证据使用的定案价值在价值位阶上更为优先，是刑事司法实践中运用刑事辨认的目的性价值，即运用刑事辨认的根本目的在于为法庭提供据以认定案件事实的证据。这是因为：

一方面，从程序的角度来看。在刑事诉讼的全过程中，审判处于诉讼程序的核心地位，同时也是认定案件事实的中心环节。对此，有学者指出，“诉讼产生于当事人不同的事实叙述和诉讼主张，因此，确定案件事实并在此基础上适用法律，是诉讼的基本任务”。该学者还指出，在侦查—起诉—审判的过程中，刑事诉讼的实际运行可能出现另一种情形，即对于由侦查搜集、起诉补充的证据，法院照单全收，尤其是法院不再对原始证据进行直接的审查，而只需审查由侦查方已经搜集在案的各种证据形式，而且对控诉方确认的案件事实不予质疑或基本不予质疑，审判成为具有相当形式化的作业，审判的实质审查和独立判定（事实）的功能难以有效发挥。[①]在民事诉讼中，双方当事人的一切诉讼活动均以法庭上法官对案件事实的认定与相关法律的适用为核心，审判程序自然处于民事诉讼的核心地位。而在刑事诉讼中，对于案件事实的认定则包括两个过程：其一，在侦查、起诉的审前程序中，侦查机关或检控机关开展调查、收集证据以查明案件事实并提出控诉的过程；其二，在审判程序中，法庭对控辩双方提出的事实主张及相关证据进行审查，并最终认定案件事实的过程。“从形式上看，审判是在侦查——起诉——审判的事实认定行为链中的最后一个环节，是所谓‘三道工序’的最后一道工序，审判是确定案件事实的权威性活动，因此势必成为事实认定的中心环节。”[②]需要指出的是，虽然在刑事诉讼中存在由侦查机关或检控机关查明案件事实的过程，其目的在于通过国家追诉权力的行使以完成国家刑罚权的实现，并且在事实认定以及证据收集的方向上，倾向于犯罪事实的成立。但是，在这一过程中对案件事实的认定以及对犯罪嫌疑人有罪的认定仅具有程序上的意义，即对犯罪嫌疑人提出诉讼仅使案件进入最终的审判程序，在实体上则不产生犯罪嫌疑人、被告人有罪的法律效果。正如日本学者所言，对于案件事实的实体判断“必须经过公审，而且原则上不得以公审以外的程序决定”。[③]事实上，这也是审判中心主义的重要内含之一。审判中心主义指审判（尤其是第一审法庭审判）是决定国家对于特定的个人有无刑罚权以及刑罚权范围的最重要阶段，未经审判，任何人不得被认为是罪犯，更不得被迫承受罪犯的待遇。具体来说，审判中心主义有两层含义：一是在整个刑事程序中，审判程序是中心，只有在审判阶段才能最终决定特定被告人的刑事责任问题，侦查、起诉、预审等程序中主管机关对于犯罪嫌疑人罪责的认定仅具有程序内的意义，对外不产生有罪的法律效果。二是在全部审判程序当中，第一审法庭审判是中心，其他审判程序都是以第一审程序为基础和前提的，既不能代

---

① 参见龙宗智:《论建立以一审庭审为中心的事实认定机制》,《中国法学》2010 年第 2 期,第 143 页。

② 龙宗智:《论建立以一审庭审为中心的事实认定机制》,《中国法学》2010 年第 2 期,第 144 页。

③ 参见[日]藤木英雄、金子宏、新堂幸司主编:《法律学小辞典》,有斐阁 1972 年版,第 284 页。转引自孙长永:《审判中心主义及其对刑事程序的影响》,《现代法学》1999 年第 8 期,第 93 页。

替第一审程序，也不能完全重复第一审的工作。①同时，这也就意味着刑事诉讼的全过程是以审判为核心而展开，对于案件事实的最终认定必须在审判程序中完成，侦查、起诉等审前程序中对案件事实的查明是为审判程序中的最终认定而作出的必要准备。因此，就刑事辨认的诉讼价值而言，其在审前程序中为侦查机关或检控机关查明案件事实所发挥的破案价值是其在审判程序中作为证据使用并由法庭据以认定案件事实所发挥的定案价值的准备，且后者才是在刑事诉讼中使用刑事辨认的目的性价值。

另一方面，从证据的角度来看。在刑事诉讼中，对于案件事实的认定必须由法庭在审判程序中完成。更为重要的是，法庭认定案件事实必须以证据为依据，即证据裁判，这也是当代法治国家在刑事诉讼中所遵循的一项重要原则。尤其在大陆法系国家，刑事诉讼立法中多明确规定了这一原则。②在我国，虽然 2012 年修改后的《刑事诉讼法》仍未明确规定证据裁判原则，但在 2010 年最高人民法院、最高人民检察院、公安部、国家安全部以及司法部联合颁布的《关于办理死刑案件审查判断证据若干问题的规定》第 2 条明确规定，认定案件事实，必须以证据为根据，首次明确了证据裁判原则在死刑案件刑事诉讼中的适用。在英美法系，虽然各国立法中并未明确规定这一原则，但其刑事诉讼中关于证据关联性、可采性规则以及证据展示、认定等相关规定均与证据裁判原则的精神有相通之处。③需要指出的是，根据无罪推定原则，犯罪嫌疑人、被告人有罪的事实需要由控方提出证据加以证明，而当控方没有证据证明或证明有罪的证据不充分时，法庭应作出无罪判决，即“有疑，当有利于被告人之利益”。就此点而言，证据裁判原则其本质上是指“认定犯

① 参见孙长永：《审判中心主义及其对刑事程序的影响》，《现代法学》1999 年第 8 期，第 93 页。

② 例如，《德国刑事诉讼法典》第 244 条第 2 款规定：“为了调查事实真相，法院应当依职权将证据调查延伸到所有的对于裁判具有意义的事实、证据上。”《法国刑事诉讼法典》第 427 条规定：“除法律另有规定外，犯罪得以任何证据形式认定……法官只能以在审理过程中向其提供的、并在其当面经对席辩论的证据为其做出裁判决定的依据。”《日本刑事诉讼法》第 317 条规定：“认定事实应当根据证据。”

③ 在英美法系国家，其当事人主义的诉讼构造决定了法官在诉讼中相对消极的诉讼地位，因此，英美法系国家更加强调当事人的主体地位和主动作用，法官一般不会主动调查证据，也就无须关于约束法官调查证据的规定。参见宋英辉、李哲：《证据裁判原则评价》，《政法论坛》2003 年第 4 期，第 59—60 页。

罪事实必须依照证据”。[①]具体到刑事辨认，其“定案”价值正是作为证据使用来证明犯罪嫌疑人确系犯罪行为的实施者或相关物品确与犯罪有关等犯罪事实。同时，这也就要求在审前程序中所实施的刑事辨认措施必须转化成证据的形式以发挥其定罪价值。

## 第二节　刑事辨认的诉讼风险及其影响因素

在司法实践中，刑事辨认在发挥其破案价值、定案价值的同时，也存在一定的诉讼风险，即当刑事辨认出现错误时，其既不能实现查明案件事实的破案价值，也无法实现其作为证据使用的定案价值，更会带来严重的、消极的诉讼后果。尤其在刑事辨认作为证据用以认定案件事实时，其诉讼风险将导致案件事实认定上的错误，正如本报告绪论部分所列举的国内外发生的大量错案，均归因于刑事辨认证据的错误。因此，也有英国学者将刑事辨认证据称之为“危险证据”。[②]

从本质上看，刑事辨认所存在的诉讼风险源于辨认结果的准确性，而其准确性又取决于刑事辨认的整个过程。在笔者看来，刑事辨认的过程包括两个部分：其一，在辨认之前辨认人对与案件事实相关的人或者物的感官认知、记忆过程；其二，辨认人依据感官记忆对相关辨认对象作出同一认定的过程。而这两个过程又受到诸如辨认人的记忆模糊、辨认对象的辨识度不高等内在因素，以及辨认程序操作不当等外在因素的影响，使得刑事辨认的整个过程并不能绝对保证其结果的准确性。而一旦某一过程出现错误，将直接影响最终结果的准确性，从而大大提高刑事辨认的诉讼风险。

---

① 参见陈光中、郑曦:《论刑事诉讼中的证据裁判原则——兼谈〈刑事诉讼法〉修改中的若干问题》,《法学》2011 年第 9 期,第 8 页。

② 参见[英]克里斯托弗·艾伦:《英国证据法实务指南(第四版)》,王进喜译,中国法制出版社 2012 年版,第 206 页。

## 一、刑事辨认的诉讼风险

与其诉讼价值相对应，刑事辨认的诉讼风险同样表现在两个方面。其一，在审前程序中，作为一种侦查措施或者证据调查措施，刑事辨认的价值在于查获犯罪嫌疑人、查明案件事实。一旦刑事辨认发生错误，不仅无法实现其“破案”价值，反而将带来巨大的危害。其首要危害便是侦查机关或检控机关错误地追究无辜者的刑事责任。如前所述，刑事辨认在各国司法实践中的最主要作用便在于确认犯罪嫌疑人的身份，并在确认犯罪嫌疑人的基础上，展开后续的侦查措施或案件调查工作。而对犯罪嫌疑人身份的错误认定，也就意味着对一名无辜者的错误追究。同时，在审前程序中对该名无辜者所采取的任何强制性措施也就失去了正当依据，无疑是对其基本权利的严重侵犯。其次，对于与犯罪有关的尸体、物品的错误辨认，同样导致将侦查机关或检控机关引入错误的方向，使其无法查明案件事实，或者错误地认定犯罪嫌疑人。除此之外，错误辨认也会延误侦查机关或检控机关查明案件事实的时机，耗费更多的人力、物力，造成司法资源的浪费。

其二，在审判程序中，通过辨认而形成的辨认证据是法庭认定案件事实并作出裁判的重要依据。在美国，如前述案例，辨认证据甚至是法庭认定案件事实的唯一依据。而一旦辨认发生错误，将直接导致刑事辨认证据本身的错误，当法庭采纳错误的辨认证据时，自然会导致在认定案件事实上，尤其是在认定犯罪主体上的错误，从而作出错误的裁判。相比在审前程序中对错误的犯罪嫌疑人所实施的强制性措施，错误定罪给无辜者所带来的伤害更为严重，甚至是以其生命为代价。

需要指出的是，作为刑事辨认诉讼风险的根源，辨认结果的准确性对于辨认证据的影响主要体现在证据的证明力上，而非辨认证据的辨认能力。也就是说，当刑事辨认发生错误时，其证据仍然具有证据能力。这类情形主要发生在当辨认受辨认主体记忆模糊、辨认对象辨识度不高等内在因素影响时，所形成的证据在证据能力上并无缺失。虽然各国在辨认证据的证据能力问题上建立了相应的证据规则，尤其在美国，联邦最高法院通过各类案例建立了一套严格的排除规则，但这些证据规则主要旨在针对辨认中存在的违反辨认程序或规则的问题，而对于因内在影响因素造成的错误辨认，并不能有效地排除其证据。这就造成当辨认不准确甚至错误时形成的证据被法庭采纳后，影响了法庭对案件事实的认定，甚至导致最终对案件事实作出错误地认定。

## 二、辨认结果准确性的内在影响因素

影响辨认准确性的内在影响因素主要是指辨认主体自身的年龄、性别、种族以及其在案件中身份角色等因素，辨认对象自身的因素，如犯罪嫌疑人的年龄和相貌等特征、伪装程度、暴露持续时间等因素，以及案发时的光线、天气等环境因素。从时间上来看，这些因素对辨认结果准确性的影响多发生在辨认程序实施以前，甚至是在案发时或案发前就已经存在，导致辨认主体对辨认对象的认知、记忆出现偏差甚至错误，使其难以作出准确的辨认。在笔者看来，内在影响因素是主体在认知过程中客观存在的影响因素，也是难以进行有效控制的影响因素。在一定程度上可以说，内在影响因素决定了刑事辨认诉讼风险存在的必然性。

### （一）辨认主体因素

如前所述，刑事辨认的第一个过程是辨认主体的认知过程，其主要包括辨认主体的感知过程与记忆过程。而由于辨认主体在年龄、性别、种族、压力以及在案件中的不同身份等因素的差异，使得辨认主体对事物的感知、记忆程度均有所不同，从而影响辨认主体在认定过程中的准确性。事实上，关于影响辨认准确性的主体因素，西方心理学领域的学者早有研究，通过大量实验就各类因素对辨认准确性所产生的影响展开分析，相关成果也成为国内心理学领域的学者对该问题进行研究的重要依据。在此，本部分同样以西方心理学已有成果为基础，以其相关理论观点与实验为参考。

1. 年龄因素

对客体的感知与记忆是辨认主体进行辨认的主要依据，这决定了辨认的准确性，而主体的感知与记忆能力又与其年龄有着密切关系。加拿大学者切瑞·格雷迪等人研究发现，通过对315名25~101岁的成年人进行测试，其结果显示，随着年龄的增长，个体的视觉、听觉以及记忆能

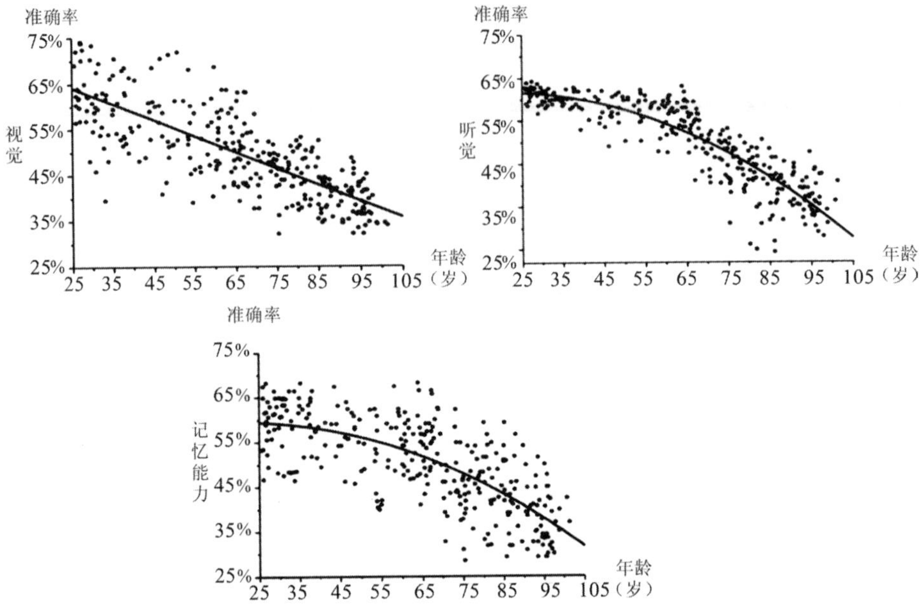


**图 1　年龄因素对视觉、听觉以及记忆的影响**

力均呈下降趋势（见图 1）。[①] 这也可以说明，在一定程度上，在成年人群体中，随着年龄的增长，主体进行辨认的准确性将随之下降。对此，美国学者卡罗琳·亚当斯-普莱斯（Carolyn Adams-Price）通过对两组年龄分别为 20～35 岁与 40～55 岁成年人在模拟盗窃犯罪案发后的记忆比较发现，20～35 岁成年人的辨认更为准确。[②]另一位学者 A. 丹尼尔·亚梅（A. Daniel Yarmey）同样在其实验中得出类似结论：在对 651 名 18～65 岁的市民进行的记忆测试中发现，18～29 岁年轻人对实验对象的辨认记忆最为准确，其次为 30～44 岁的中年人，最后为 45～65 岁的成年人。[③] 当然，上述研究多以成年人为研究样本，其实验结果只能说明在一般情

① See C. L. Grady, F. I. Craik, "Changes in memory processing with age", *Current Opinion in Neurobiology*, 2000, p. 225.

② See Carolyn Adams-Price, "Eyewitness memory and aging: Predictors of accuracy in recall and person recognition", *Psychology and Aging*, 7, pp. 602-608.

③ See A. Daniel Yarmey, "Adult Age and Gender Differences in Eyewitness Recall in Field Settings", *Journal of Applied Social Psychology*, 23, 1993, p. 1921.

况下，成年人的感知力与记忆力对辨认准确性的影响。而对于儿童与老年人这两类特殊群体，其辨认准确性又与之不同。

关于儿童，由于其身心发展的特质与成年人不尽相同，使得儿童证言的可信性不高，特别是儿童对犯罪嫌疑人的辨认，其准确性难以得到有效保证。早在20世纪初，便有心理学专家对儿童的目击证言提出质疑。[①]在美国，由于马萨诸塞州“萨勒姆猎巫审判”（Salem Witch Trials）事件的影响，大多数美国学者对儿童作为目击证人的证言的可信性同样表示否定。[②] 1692年，在马萨诸塞州萨勒姆小镇，几名儿童因病被当地牧师诊断为恶灵附体，在治安警察的一再追问下，几名儿童“指认”了当地三位实施巫术的人。随后，该州的其他几个小镇也发生类似事件。为了控制事态的发展，该州州长成立了专门的审判庭对相关案件进行审理，而这些儿童便成为案件的重要目击证人。最终，20人被处死，其中绝大多数为女性，此案也被称之为“萨勒姆猎巫审判”。多年以后，一些当时作证的儿童又公开否认了自己的证言。该事件也被美国学者认定为儿童证言不可信的典型案例。然而，20世纪80年代，随着针对儿童的犯罪案件日渐增多，尤其在对儿童的性暴力犯罪中，一般并没有其他目击证人在场，使得儿童成为相关案件重要的证据来源。为此，西方心理学家相继展开大量关于儿童辨认准确性的实验，并得出如下主要结论。

第一，儿童的面孔识别力与记忆力较差。对于儿童的面孔识别力，美国密苏里大学学者朱恩·E.钱斯（June E. Chance）与艾尔文·G.古德斯坦（Alvin G. Goldstein）指出，3~6岁的儿童，其面孔识别准确率仅在35%~40%；7~8岁的儿童，准确率为50%~58%；9~11岁的儿童，准确率为60%~70%；12~14岁的儿童，准确率为70%~80%。这一结果说明，12岁以上的儿童，其面孔识别力与成年人相仿，而12岁以下的儿童，其面孔识别力则与成年人之间存在较大差距。[③]而对于儿童的记忆力，美国心理学家史蒂芬·J.赛斯

---

① 德国心理学家Mursterburg、比利时心理学家Varendonck均坚定地认为儿童证词完全不可信。See Francis T., Durso, *Handbook of Applied Cognition*, Jlhn Wiley & Sons Ltd. 1999, pp. 805-806.

② See Stephen J. Ceci, Maggie Bruck, “The Suggestibility of the Child Witness: A Historical Review and Synthesis”, *Psychological Bulletin*, 113, 1993, pp. 403-439.

③ See June E. Chance, Alvin G. Goldstein, “Face-Recognition Memory: Implications for Children's Eyewitness Testimony”, *Journal of Social Issues*, Vol. 40, No. 2, 1984, p. 70.

(Stephen J. Ceci) 等人通过实验发现，儿童的记忆力在6岁以后逐渐提高，至12岁以后，其记忆力的实验结果基本达到成年人水平。[①]据此，上述学者认为，12岁以下的儿童，面孔识别力与记忆力的不足使其更容易作出错误的辨认。

第二，儿童在辨认时易受暗示的影响。儿童的受暗示性 (Child's Suggestibility) 一直是西方心理学界对于儿童辨认准确性研究的重点内容。由于儿童的身心尚未成熟，相比成年人，儿童在辨认过程中更易受到暗示，从而表现出对辨认对象的不确定，或者改变自己最初的选择，甚至作出错误的辨认。并且，儿童的年龄越小，受到暗示的影响越大。通过各类关于儿童受暗示性的实验可以发现，在实验过程中，提问者的熟悉程度[②]、提问方式[③]等均能从不同程度上对儿童施以暗示。同时，当这种暗示带有错误的倾向时，儿童辨认的准确性也随之大幅下降。

第三，当犯罪嫌疑人不在辨认对象队列中时，儿童的辨认准确性大幅下降。根据新西兰奥塔哥大学学者朱丽恩·格罗斯 (Julien Gross) 等人的实验，对于5~6岁的儿童，当实验辨认目标出现在队列中时，其准确率高达88%~94%；而当实验辨认目标没有出现在队列中时，其准确率仅为12%~47%。对于这一结果，两位学者认为，其主要原因在于当辨认目标出现在队列中时，儿童所需做的只是从众多对象中选择出更为熟悉的一位；而当辨认目标不在队列中时，儿童一般倾向于通过猜测给出一个答案以取悦实验组织者，而不会诚实地承认自己没有发现辨认

---

① See Stephen J. Ceci, etc., *Children's Eyewitness Memory*, New York: Springer-Verlag, 1987.

② 关于提问者是否熟悉，美国学者 Christine Ricci、Carole Beal 与 Dawn Dekle 所进行实验显示：当提问者是儿童熟悉或认识的人，如父母，其辨认的准确性将会下降，并且在辨认过程中，儿童也会频繁地更改自己的选择。而当提问者是不熟悉的实验人员时，儿童更能确定自己的选择，准确性也更高。See Christine M. Ricci, Carole R. Beal, Dawn J. Dekle, "The Effect of Parent versus Unfamiliar Interviewers on Children's Eyewitness Memory and Identification Accuracy", *Law and Human Behavior*, Vol. 20, No. 5, Oct., 1996, pp. 483-500.

③ 关于提问方式，学者 Stephen J. Ceci 与 Maggie Bruck 指出，在模拟实验中，当提问者向儿童提出开放性的问题，如"发生了什么"，91%的儿童能够准确地描述事件中的重要细节；而当提出特定性的问题，如"你在哪受的伤"或者强制选择性问题，如"它是白色还是黑色"，仅有45%的儿童能够准确回答。See Maggie Bruck and Stephen J. Ceci, "The Suggestibility of Young Children", *Current Directions in Psychological Science*, Vol. 6, No. 3, Jun., 1997, pp. 75-79.

目标。①

此外，还有学者从儿童过往受虐经历的角度展开实验，并发现：没有受虐经历的儿童在回答特定性问题时更为准确，在照片辨认过程中所犯的错误更少，并能在随后回忆更多信息。同时，在有过受虐经历的儿童中，遭受严重性虐待的儿童在回答与虐待相关的问题时所犯的错误更多。②

关于老年人，随着其年龄的增大，感觉器官与大脑的衰老，其感知能力与记忆力也会大幅下降，③从而同样会导致其辨认准确性的下降。对此，一些学者也通过相关实验得出这一结论。在朱迪斯·李斯特（Judith List）的实验中，通过对65～70岁的老年人视觉记忆的考察，相比年龄较小的成年人，老年人对人或事物的识别记忆力更差。④而加拿大维多利亚大学学者伊丽莎白（C. A. Elizabeth Brimacombe）等人在其实验中还发现，实验中的老年人（75～88岁）在描述事物时更关注较为累赘的细节，而其准确率却更低。⑤

2. 性别因素

在西方心理学界，性别因素同样被认为是影响辨认准确性的重要因素之一。由于不同性别在身心发展过程中的差异，不同性别的个体对外界的人或事物的感知、记忆等均不尽相同。概括而言，不同性别的主体均有其各自擅长感知、记忆的方面。例如，美国博林格林州立大学学者阿尔弗雷德·德玛里斯（Alfred Demaris）等人通过实验发现，男性在记忆暴力事件方面更加准确，而女性对非暴力事件的记忆更为准确。从一

---

① See Julien Gross, Harlene Hayne, "Eyewitness Identification by 5-to 6-Year-Old Children", *Law and Human Behavior*, Vol. 20, No. 3, Jun., 1996, pp. 359-373.

② See Gail S. Goodman, Bette L. Bottoms, Leslie Rudy, Suzanne L. Davis, Beth M. Schwartz-Kenney, "Effects of Past Abuse Experiences on Children's Eyewitness Memory", *Law and Human Behavior*, Vol. 25, No. 3, Jun., 2001, pp. 269-298.

③ 参见前述加拿大学者G. L. Grady与F. I. Craik的研究结果，见图1。

④ See Judith List, "Age and Schematic Differences in the Reliability of Eyewitness Testimony", *Developmental Psychology*, Vol. 22, 1986, pp. 50-57.

⑤ See C. A. Elizabeth Brimacombe, Sandy Jung, Lynn Garrioch, Meredith Allison, "Perceptions of Older Adult Eyewitnesses: Will You Believe Me When I'm 64?", *Law and Human Behavior*, Vol. 27, No. 5, Oct., 2003, pp. 507-522.

定程度上，这也意味着在暴力犯罪中，男性目击者的辨认准确性更高。①加拿大圭尔夫大学学者丹尼尔·亚梅（Daniel Yarmey）则在其实验中发现，女性对辨认目标外在特征的记忆更为准确，如头发颜色、头发长度、发型、身高、体重等。②此外，美国华盛顿大学学者皮特·鲍尔斯（Peter Powers）等人在实验中发现，女性实验个体对与女性相关的事物记忆更为准确，如女人的衣着、举止；而男性个体则对于男性相关的事物以及事物的细节的记忆更为准确；并且，女性个体更易受到暗示的影响。③

3. 种族因素

在国外，尤其在多种族的西方国家，种族差异同样是影响辨认准确性的一项重要因素。通过大量的实验数据考查，种族因素对辨认准确性的影响主要集中在黑种人与白种人之间，具体主要包括三个方面：

其一，“同种族偏好”（Own Race Bias）。这一现象是指由于个体对与自己相同种族的个体信息较为熟悉，对其信息接收得更多，从而表现出对同一种族的其他个体的记忆更为准确，在辨认中也能更为准确地识别其他同种族的个体或者其照片。其中，大多数的研究者发现，“同种族偏好”在白种人之间表现得更为明显。④当然，也有研究者在其实验中发现“同种族偏好”在黑种人之间表现得更为明显。⑤然而，该现象的另一面则意味着对不同种族的人识别的

① See Alfred Demaris, Meredith Pugh, Erika Harman, “Sex Differences in the Accuracy of Recall of Witnesses of Portrayed Dyadic Violence”, *Journal of Marriage and Family*, Vol. 54, No. 2, May, 1992, pp. 335-345.

② See Daniel Yarmey, “Adult Age and Gender Differences in Eyewitness Recall in Field Settings”, *Journal of Applied Social Psychology*, 23, 1993, pp. 1921-1932.

③ See Peter Powers, Joyce Andriks, Elizabeth Loftus, “Eyewitness Accounts of Females and Males”, *Journal of Applied Psychology*, Vol. 64, No. 3, 1979, pp. 339-347.

④ See John F. Cross, Jane Cross, James Daly, “Sex, Race, Age, and Beauty as Factors in Recognition of Faces”, *Perception and Psychophysics*, 1971, 10(6), pp. 393-396. See also R. S. Malpass, H. Lavigueur, D. E. Weldon, “Verbal and Visual Training in Face Recognition”, *Perception and Psychophysics*, 14, 1973, pp. 285-292.

⑤ See R. E. Galper, “Functional Race Membership and Recognition of Faces”, *Perceptual and Motor Skills*, 37, 1973, pp. 455-462. See also T. S. Luce, “Blacks, Whites and Yellows: They All Look Alike to Me”, *Psychology Today*, November, 1974, pp. 105-108. J. W. Shepherd, J. B. Deregowski, H. D. Ellis, “A Cross-Cultural Study of Recognition Memory for Faces”, *International Journal of Psychology*, 1974, pp. 205-211.

准确性不高，因而，当辨认中的客体为不同种族的人时，其准确性便难以得到保证。在前述美国“洗冤工程”组织发现的冤案中，78 例案件中存在错误的跨种族辨认，而其中 90% 的无辜者为非洲移民，即黑种人，[①]这也充分说明了“同种族偏好”现象对辨认准确性的巨大影响。

其二，种族之间的互动经历。虽然“同种族偏好”会造成对不同种族个体辨认准确性的下降，但是有学者却发现如果实验主体有在日常生活中与不同种族的个体之间经常进行交流、互动等“跨种族体验”（Cross-racial Experience），其对不同种族个体的识别准确性比没有互动交流的主体的识别准确性高。当然，该学者在实验中也发现一例特殊情形，即在有过互动经历的前提下，白种人与黑种人在识别日本人的面孔时准确性低于白种人与黑种人之间互相识别的准确性。[②]

其三，种族偏见。一些研究者认为，当辨认主体对不同种族的人存在偏见时，同样会对其在辨认时产生消极的影响。同时，存在严重偏见的主体比偏见较少的主体更难以识别不同种族的面孔。[③]这一情形在美国社会尤为明显，可以说，除“同种族偏好”外，对黑种人的种族偏见是另一项美国冤案中导致错误辨认出现的跨种族辨认的重要因素。[④]关于美国社会中白人对黑人的偏见，早在 1947 年，戈登·奥尔波特（Gordon Allport）与里奥·波斯特曼（Leo Postman）就通过一项名为“流言传播”的实验证明，在刑事案件中，人们的种族偏见会严重影响他们对事件、对作案人的知觉、记忆和报告。在实验中，他们给被测试者呈现了一张照片，其中有一位拿着刀片的白人。随后，让被测试者依次将照片的故事转述给其他人，当转述到第六个人时，拿着刀片的白人被说成了黑人。

---

① See Innocence Project, “Reevaluating Lineups: Why Witnesses Make Mistakes and How to Reduce the Chance of a Misidentification”, http://www.innocenceproject.org/reevaluating_lineups_why_witnesses_make_mistakes_and_how_to_reduce_the_chance_of_a_misidentification.php, 2014 年 10 月 4 日。

② See June E. Chance, Alvin G. Goldstein, L. McBride, “Differential Experience and Recognition Memory for Faces”, *Journal of Social Psychology*, 97, 1975, pp. 243-253.

③ See John C. Brigham, Paul Barkowitz, “Do ‘They All Look Alike?’, The Effect of Race, Sex, Experience and Attitudes on the Ability to Recognize Faces”, *Journal of Applied Social Psychology*, 1978, pp. 306-318.

④ 参见[美]戴维·迈尔斯:《社会心理学》，侯玉波、乐国安、张智勇等译，人民邮电出版社 2006 年版，第 243 页。

4. 压力因素

大量研究表明，高强度的压力能够对目击证人的记忆产生消极影响。并且，在不同类型实验中，其影响大小也有所不同。相比单纯的面孔识别实验，高强度压力在列队辨认实验中所产生的影响更大；而在列队辨认实验中，压力所带来的消极影响在辨认目标出现在队列中时比其不出现在队列中时更大。[①]而目击证人的压力主要来源于犯罪中的暴力行为。研究者发现，当目击证人见证暴力犯罪时，几乎均会产生对暴力行为的压力反应，而随着暴力行为自身严重程度的加深，其所产生的压力反应越大。美国心理学家拉斐尔·克罗曼（Rafael Klorman）与罗格·维斯伯格（Roger Weissberg）指出，压力反应实际上是人类个体对外所产生的一种心理上的防御性行为，并且对于不同的事务其反应形式与程度均有所不同。在其试验中，实验人员分别向三组测试者展示了不同的幻灯片：被肢解的尸体、人物的标准照片以及滑稽幽默的人物图片，同时监测测试者的心跳、脑电波、流汗等指标，发现三组测试者的压力反应逐渐减弱。[②]而在非暴力犯罪中，由于目击者没有产生或者产生轻微的压力反应，其感知力与记忆力能有效地发挥作用，从而使辨认更为准确。

需要指出的是，由于儿童在心理上尚未成熟，对于暴力行为的压力反应更为明显。在美国加利福尼亚大学学者伊丽莎白·B. 拉什（Elizabeth B. Rush）等人的实验中，实验人员对7～8岁与12～14岁两个年龄段的儿童分别进行高强度与低强度的社会压力实验测试（Trier Social Stress Test），其结果显示在高强度压力下，年幼的儿童记忆准确性更低，而在低强度压力下，两个年龄段儿童的记忆准确性差异并不明显。[③]

5. 身份因素

身份因素是指案件发生时主体的身份，即被害人与目击证人。在一般情况下，被害人是犯罪行为的直接侵害对象，而证人只是犯罪行为的见证

① See Kenneth A. Deffenbacher, Brian H. Bornstein, Steven D. Penrod, E. Kiernan McGorty, "A Meta-Analytic Review of the Effects of High Stress on Eyewitness Memory", *Law and Human Behavior*, Vol. 28, No. 6, Dec., 2004, p. 687.

② See R. Klorman, R. P. Weissberg, A. R. Wiesenfeld, "Individual Differences in Fear and Autonomic Reactions to Affective Stimulation", *Psychophysiology*, 1977, 14, pp. 45-51.

③ See Elizabeth B. Rush, etc., "Stress, Interviewer Support and Children's Eyewitness Identification Accuracy", *Child Development*, Volume 85, May/June 2014, pp. 1292-1305.

者，自身利益并未受到侵害。因此，两类不同身份的主体在犯罪过程中对罪犯以及相关事物的感知、记忆并不相同，从而导致其辨认准确性的不同。并且，在不同类型的犯罪中，二者的准确性也各有高低。正如前文所述，在暴力犯罪中，个体会对暴力行为产生压力反应。作为暴力行为的直接受害者，被害人在这一过程中会感受到更大的压力，从而造成被害人感知力的限制而无法准确观察犯罪行为人或相关事物，致使其记忆并不准确。与此同时，对于证人而言，犯罪行为并未侵害其自身利益，虽然同样会因为暴力行为而产生压力反应，但压力较轻，这也使得目击证人反而能够较为准确地观察犯罪过程并准确记忆相关犯罪信息。对此，一些学者也通过实验予以证明。通过对抢劫案件的被害人与证人的调查，在关于罪犯是否留有胡须的问题中，所有证人均准确记忆罪犯是否留有胡须，而只有60%的被害人回答准确；而在关于罪犯头发颜色的问题中，48%的证人记忆准确，而只有38%的被害人记忆准确。①在非暴力犯罪中，如盗窃，被害人反而能够更为准确地进行辨认。一些研究者通过模拟盗窃实验发现，丢失手表的被害人在辨认实验中的准确性，高于观察他人计算器被盗的目击证人的辨认准确性。他们认为，由于被盗物品并非证人所有，因而在盗窃发生过程中证人不会仔细观察相关信息，使其辨认的准确性下降。②

6. 其他主体因素

除上述几项主要因素外，辨认主体还会受到其他一些因素的影响而使其在案发时的感知力、记忆力受到限制，从而降低其辨认的准确性。例如，根据一些学者的实验研究，当个体处于醉酒或吸食大麻等毒品的状态下，其大脑的感知力、记忆力较正常状态的水平有所降低。根据美国加利福尼亚大学等高校的学者研究，在对130名成年人的测试中，有过吸食大麻史的成年人在视觉与听觉记忆上，呈明显下降趋势。同时，长期酗酒的人在听力、记忆力方面同样下降明显。③因此，当案件发生时，

---

① 参见［美］Elliot Aronson，Timothy Wilson，Robin Aket：《社会心理学》（第五版），侯玉波等译，中国轻工业出版社2005年版，第473页。

② See Harmon M. Hosch，D. Steven Cooper，"Victimization as a Determinant of Eyewitness Accuracy"，*Journal of Applied Psychology*，Vol. 67，1982，p. 649.

③ See Omar M. Mahmood，Jonna Jacobus，Sunita Bava，Anthony Scarlett，Susan F. Tapert，"Learning and Memory Performances in Adolescent Users of Alcohol and Marijuana：Interactive Effects"，*Journal of Studies on Alcohol and Drugs*，Nov. 2010，p. 885.

处于醉酒、吸食毒品后状态或者有长期酗酒、吸毒史的主体难以准确感知、记忆案件的真实信息，从而导致其在辨认中无法作出准确判断。

还有学者通过实验发现，主体本人的信仰或价值观念等因素同样能影响其对他人或事物的认知。在罗斯巴特的实验中，将一个人的照片呈现给两组大学生，并告知第一组大学生此人系二战中的纳粹头目，而告知第二组此人是反纳粹组织的领袖。随后，当实验人员要求大学生对照片人物进行描述时，两组主体给出了截然相反的答案。其中，第一组大学生多描述该照片人物较为残暴；而第二组则描述此人温和慈善。可以说，正是被测试者在价值观念上对纳粹组织的否定，使得其在对照片人物进行认知时，加入了否定评价，从而在认知上出现偏差。①

此外，辨认主体自身的身体缺陷，如高度近视、色盲等，同样会使其感知力出现偏差或者错误，无法准确认知客体。

**（二）辨认对象因素**

如前所述，在英、美等国家，刑事辨认的对象主要为犯罪嫌疑人，而其大量实验研究发现，犯罪嫌疑人的年龄、相貌、是否伪装及其在主体面前的暴露时间等因素同样能够影响主体的感知、记忆，进而影响主体在辨认过程中的准确性。

1. 犯罪嫌疑人的年龄、相貌因素

在辨认过程中，不仅主体的年龄会影响主体自身的感知力与记忆力，作为辨认客体的犯罪嫌疑人的年龄同样会影响主体对其的感知与记忆。对此，美国学者丹尼尔·B. 莱特（Daniel B. Wright）等人在其实验中发现，相比不同年龄段的犯罪嫌疑人，当犯罪嫌疑人与辨认主体处于同一年龄段时，主体的记忆更为准确。这一现象也被其称之为“同年龄偏好”（Own Age Bias）②。事实上，如前所述，在上述两位学者的实验之前，西方心理学界已经发现“同种族偏好”现象，而在这一现象的启发下，上述两位学者就个体对与自己处于同一年龄段个体的记忆展开实验，并发现在同龄人中同样存在上述类似现象。关于“同年龄偏好”现象，丹尼尔·B. 莱特与乔那·N. 司徒罗德（Joanne N. Stroud）进行了两组实

① 参见吴江霖、戴健林、陈卫旗：《社会心理学》，广东高等教育出版社 2004 年版，第 297 页。

② 国内学者也有将其翻译为“亲年龄偏差”，参见姜丽娜：《目击证人辨认研究综述》，《心理科学》2007 年第 1 期，第 71 页。

验，通过对两组不同年龄段的成年人进行对比试验，两位学者发现，两组不同年龄段的成年人在辨认与自己处于同一年龄段的实验对象时，其准确率均高于非同龄人之间的辨认。①

关于相貌，美国圣路易斯大学学者约翰·F. 克罗斯（John F. Cross）等人通过实验发现有吸引力的面孔能够让主体记忆得更准确。在其实验中，实验人员首先让测试主体从所有待识别面孔中选出“漂亮、英俊、美艳”等“具有吸引力”的面孔，随后对这类面孔与普通面孔的识别准确率进行比较。数据显示，不管是白人还是黑人面孔，男性或女性面孔，被标注为“具有吸引力”的面孔被测试主体准确识别的比例均高于其他面孔。②

2. 犯罪嫌疑人的伪装程度

犯罪嫌疑人的伪装程度是影响主体准确识别其面孔的又一重要因素。随着反侦察能力的提高，罪犯在犯罪过程中会采取不同程度的伪装措施。尤其在抢劫、绑架等需要与被害人近距离接触的犯罪中，罪犯往往会通过头套或面具隐藏其面孔，这也为主体增加了巨大的辨认难度。在美国哈佛大学学者托德·K. 马腾斯（Todd K. Martens）等人的实验中，实验人员对影响辨认准确性的诸多因素进行对比测试，结果显示在伪装程度一项中，测试主体更能准确地识别低伪装程度的对象，并且，相比其他因素，客体的伪装程度对主体辨认准确性的影响更大。在实验中，两组被测试主体分别观看一部模拟抢劫案视频，其中一部视频中的抢劫者没有伪装，而另一组的抢劫者则戴有针织头套并完全遮挡住头发。测试结果显示前一组辨认的准确性为45%，而后一组的准确性仅为27%。③同样，在加拿大阿尔伯塔大学学者 R. C. 林德赛（R. C. Lindsay）等人

① See Daniel B. Wright, Joane N. Stroud, “Age Differences in Lineup Identification Accuracy: People Are Better with Their Own Age”, *Law and Human Behavior*, Vol. 26, No. 6, Dec., 2002, pp. 641-654.

② See John F. Cross, Jane Gross, James Paly, “Sex, Race, Age and Beauty as Factors in Recognition of Faces”, *Perception and Psychophysics*, 10(6), 1971, pp. 393-396. See also R. S. Malpass, H. Lavigueur, D. E. Weldon, “Verbal and Visual Training in Face Recognition”, *Perception and Psychophysics*, 14, 1973, pp. 285-292.

③ See Brian L. Cutler, Steven D. Penrod, Todd K. Martens, “The Reliability of Eyewitness Identification: The Role of System, Estimator Variables”, *Law and Human Behavior*, Vol. 11, No. 3, Sep., 1987, pp. 233-258.

的实验中，同样得出类似结论。在林德赛的实验中，实验人员分别按低、中、高三种伪装程度进行了三组犯罪情境模拟实验。在高伪装程度的情境中，小偷头戴针织帽遮住头发及部分耳朵，偷取一个计算器后在房间停留了12秒中，为了引起目击者的注意，小偷还问到，“嗨，这是你的计算器吗?”；在中等程度的情境中，小偷同样完成上述行为，但针织帽戴得更高，且露出一些身体特征，如头发的颜色；而在最后一组中，小偷没有戴帽子。测试结果显示：在第一组高伪装程度的情境下，目击者辨认的准确率仅为33%；第二组为50%；而第三组则高达74%。因此，林德赛等人同样得出结论，主体对低伪装程度客体的辨认准确性更高。[①]

3. 犯罪嫌疑人的暴露持续时间

犯罪嫌疑人在犯罪过程中的暴露持续时间同样能够影响主体辨认的准确性。在美国密苏里大学学者约翰·穆勒（John Mueller）、迈克尔·卡尔罗姆斯特（Michael Carlomusto）与艾尔文·G. 古德斯坦的面孔识别实验中，对每张面孔有15秒观察时间的测试主体的准确率高于对每张面孔仅有5秒观察时间的主体。[②]英国学者艾米纳·梅蒙（Amina Memon）等人在其辨认实验中，同样得出类似结论。在实验中，测试主体包括17～25岁、59～81岁两个年龄段，在各年龄段内对其随机分组后，分别观看时长1分40秒、1分7秒的录像，其中，待辨认目标的暴露持续时间分别为45秒、12秒。随后让测试主体进行照片辨认。结果显示，在17～25岁年龄段中，有45秒观察时间的主体辨认准确率为95%，而仅有12秒时间的主体辨认准确率仅为29%；在59～81岁年龄段中，有45秒观察时间的主体辨认准确率为85%，而仅有12秒时间的主体辨认准确率仅为35%。[③]

4. 武器聚焦效应

武器聚焦效应主要是指在犯罪过程中，当罪犯持有并展示武器时，

---

① See R. C. L. Lindsay, Gary L. Wells, Carolyn M. Rumpel, “Can People Detect Eyewitness-Identification Accuracy Within and Across Situations?”, *Journal of Applied Psychology*, Vol. 66, No. 1, 1981, pp. 79-89.

② See John Mueller, Michael Carlomusto, Alvin G. Goldstein, “Orienting Task and Study Time in Facial Recognition”, *Bulletin of the Psychonomic Society*, Vol. 11 (5), 1978, pp. 313-316.

③ See Amina Memon, Lorraine Hope, Ray Bull, “Exposure Duration: Effects on Eyewitness Accuracy and Confidence”, *British Journal of Psychology*, 94, 2003, pp. 339-354.

被害人或目击证人通常会将其注意力集中在武器上而非罪犯本人。对此，哈佛大学学者托德·K. 马腾斯等人同样在其实验中得出此结论。在向测试主体展示的两组视频中，其中一组视频里的抢劫者拿出他的武器并在抢劫的过程中始终指向被害人，而另一组视频里的抢劫者则将武器藏在衣服里。通过测试发现，观看前一视频的测试主体在辨认中的准确率仅为26%；而后一组测试主体的准确率为46%。①

5. 其他对象的自身缺陷

如前所述，除犯罪嫌疑人外，刑事辨认的客体还包括与犯罪有关的物品、尸体、场所等。但是，由于这类客体自身存在的缺陷，使客体已不具有可辨认性或仅凭辨认主体的感官已难以辨认，从而降低了辨认的准确性。例如，在对尸体的辨认中，由于尸体发现较晚或所在环境不利于尸体保存而导致其高度腐烂，从而使辨认主体仅凭外在特征难以准确辨认出尸体的真实身份；在对作案凶器的辨认中，如刀具，由于其较为普通，或者轻易就能在市场上购买，仅凭辨认主体肉眼观察，很难将作为凶器的刀具与其他同款刀具加以区分。

**（三）环境因素**

在内在影响因素中，除去辨认主体、对象自身的影响因素，外在环境也是影响主体认知的重要因素之一，其同样能够在主体认知的过程中，使其对辨认对象的视觉、听觉等认知手段出现偏差，甚至错误，从而在辨认中无法准确地进行辨认。具体包括：

第一，光线。在一些犯罪案件中，为了躲避侦查、方便逃跑，罪犯往往会选择在夜间或光线不好的地方实施犯罪。而在光线条件不好的情况下，被害人或者目击者的视力下降，难以清楚地看到罪犯的面孔以及其他显著的身体特征，甚至错误地感知罪犯的身体特征，如在黑暗中，被害人或目击证人很难准确感知罪犯的肤色或头发的颜色。

第二，天气。天气的差异同样能够影响主体的感知力。当出现雨、雪、雾、霾等天气时，能见度降低，主体的视力受到影响，从而难以准确感知客体。

---

① See Brian L. Cutler, Steven D. Penrod, Todd K. Martens, "The Reliability of Eyewitness Identification: The Role of System and Estimator Variables", *Law and Human Behavior*, Vol. 11, No. 3, Sep., 1987, pp. 233-258.

第三，距离。对于目击者来说，与案发现场以及罪犯距离的远近，同样能够影响其视力、听力的感知效果。尤其当其距案发地点位置较远时，很难准确感知罪犯以及犯罪工具等客体的具体特征。

第四，地形。案发现场的地形也是影响主体感知的一个因素。相比空旷的场所，山地或者建筑物密集等复杂地形同样会影响主体的视力、听力。

此外，对于主体来说，尤其是对目击者来说，案发现场的人流、杂声等因素，同样也会吸引其注意力，或干扰其视力、听力，造成其对罪犯或与犯罪有关的其他客体的认知偏差或者错误。

## 三、辨认结果准确性的外在影响因素

影响辨认准确性的外在影响因素主要是指由于辨认程序设置或实施不当，对辨认主体的认知施加了外在的影响，从而导致其作出错误的辨认。从时间上看，外在因素的影响集中发生在主体对客体已形成认知之后，尤其在辨认过程中。西方心理学家甚至发现，即使主体对客体的认知是准确的，在外在影响因素的影响下，同样能够导致主体作出错误的辨认。综合前述国内外司法实践中错误辨认的案例以及心理学界相关实验，影响辨认准确性的外在影响因素主要包括如下几种。

### （一）辨认程序实施与犯罪发生的时间间隔

在司法实践中，辨认程序的实施与犯罪发生之间的时间间隔是影响被害人或者目击证人辨认准确性的重要原因之一。在前述美国涉及错误辨认的错案中，多例案件中的被害人进行辨认的时间与犯罪发生的时间间隔长达数月以上，甚至达到或超过 12 个月。例如，在哈罗德·布恩廷（Harold Buntin）强奸、抢劫案与艾文·卡塞尔·麦克吉（Arvin Carsell McGee）性侵案中，被害人均在案发 4 个月后才进行辨认；在安东尼·卡波兹（Anthony Capozzi）性侵案中，时间间隔长达一年；在伦纳德·卡尔莱斯（Leonard Callace）性侵案中，时间间隔长达 18 个月。当然，需要指出的是，由于这些犯罪包含严重的性暴力行为，被害人在犯罪发生时的认知本身会存在瑕疵（如压力因素所致）；同时，在犯罪发生后，被害人也会因为身心受到的伤害而不愿回忆这种经历，加速了记忆准确性的下降。但不可否认的是，即使是目击证人或者普通人，在一般情况下其记忆的准确性仍会随着时间的推移而受到影响。心理学家也通过实验研究发现，在经过一段较长的记忆间隔期后，个体的记忆准确性会明显下降，同时，记忆的内容还会出现失真或歪曲。在美国加州大学学者 H. 施莫尔克（H. Schmolck）等人的实验中，实验人员于 1995 年 10 月 6 日，即 O. J. 辛普森案判决公布的 3 天后，对 222 名在校生进行了一次问卷调查，调查内容是这些学生对该案内容的描述。此后，实验人员又分别于 15 个月、32 个月后对这些学生再次进行了关于该案内容的问卷调查。通过对比这三次的问卷内容，实验人员发现相比 3 天后的问卷结果，在 15 个月后，这些学生对该案的记忆仅有 50% 的内容仍能保持高度准确，同时，11% 的记忆内容开始出现错误或者歪曲；在 32 个月以后，学生的记忆仅有 29% 的内容还保持准确，同时，超过 40% 的记忆内容存在较大歪曲。①

**（二）辨认程序前的误导信息**

在辨认程序进行之前，辨认主体已形成的认知记忆可能会在随后接触到的错误信息的误导下出现改变，从而作出错误的辨认。例如，在赫尔曼·阿特金斯（Herman Atkins）强奸、抢劫案中，被害人及证人进行辨认前，在警局内看到张贴有犯罪嫌疑人在另一案件中的通缉海报，随后便误认为该犯罪嫌疑人是本案的犯罪嫌疑人而对其作出错误的辨认。而在迈克尔·布莱尔（Michael Blair）故意杀人案中，证人在辨认前也曾在电视上看到过犯罪嫌疑人的照片。对于这一现象，伊丽莎白·F. 洛夫特斯等心理学家也进行过类似实验，即首先向测试主体提供一定的视觉信息，如观看幻灯片、录像等，再向其提供口头上的或书面的错误信息。在随后的测试中发现，当测试主体陈述其所得到的视觉信息时，会夹杂部分其从口头或书面得到的错误信息。例如，在幻灯片中，测试主体得到的视觉信息是一瓶可乐，书面信息上则描述的是一瓶七喜，而在随后的描述中，主体会说自己看到的是一瓶七喜，这一现象也被称为“误导

① See H. Schmolck, E. A. Buffalo, L. R. Squire, “Memory Distortions Develop over Time: Recollections of the O. J. Simpson Trial Verdict after 15 and 32 Months”, *Psychological Science*, vol. 11, January 2000, pp. 39-45.

性事件后信息影响”（Misleading Post-event Information Effect）。[①]这也就意味着即使辨认主体最初的认知记忆是准确的，但在错误信息的误导下，其仍会作出错误的辨认。关于这一影响在个体大脑中的运行机制，西方心理学界存在以下几种理论假设：其一，“替代说”，即误导性事件后信息改变了个体对原始信息片段的记忆，在一定程度上相当于“抹去”并“覆盖”了原始记忆痕迹；其二，“并存说”，即个体接收误导性事件后信息后，原始记忆仍然存在，但误导信息的存在降低了个体回忆原始记忆的可能性，从而在强制性的测试程序中，选择了误导信息。[②]

此外，D. 史蒂芬·林德赛（D. Stephen Lindsay）等人在实验的基础上，提出了新的理论——“信息源监控假设”（Source Monitoring Hypothesis）。根据这一假设，原始信息与事件后信息并存于个体的记忆之中，但是当已被误导的个体去定位某一信息片段的来源时，即来源于原始记忆还是误导性事件后信息，个体会产生混乱，从而导致个体作出错误的判断。[③]随后，林德赛在其实验中还发现，误导性事件后信息对个体记忆准确性的影响还与测试的时间间隔有关，即个体在分别接收原始信息、误导性事件后信息的时间与测试时间之间间隔越长，个体记忆的准确率越低。该实验包括两组测试：一组是实验人员在个体接收原始信息与误导性事件后信息之后立即进行测试；二组是在48小时之后再进行测试。测试数据显示，第一组测试主体对目标信息记忆的准确率为52%，而第二组主体对目标信息记忆的准确率则下降至38%。[④]这一结果也说明，在案件发生后，应及时让被害人、目击证人等主体进行辨认，一旦其接触到误导性事件后信息，其辨认的准确性将难以得到保证；在此基础上，如果辨认程序再发生较长时间的拖延，则将进一步降低辨认的准确性。

---

① See Maria S. Zaragoza, Michael McCloskey, “Misleading Postevent Information and Recall of the Original Event: Further Evidence against the memory impairment hypothesis”, *Journal of Experimental Psychology: Learning, Memory and Cognition*, Vol. 13, 1987, p. 36.

② 关于误导性事件后信息影响运行机制的假说, See Marivic A. Bonto, David G. Payne, “Role of Environmental Context in Eyewitness Memory”, *The American Journal of Psychology*, Vol. 104, 1991, pp. 117-119.

③ See Marcia K. Johnson, Shahin Hashtroudi, D. Stephen Lindsay, “Source monitoring”, *Psychological Bulletin*, Vol. 114, July 1993, pp. 11-28.

④ See Bem P. Allen, D. Stephen Lindsay, “Amalgamations of Memories: Intrusion of Information from One Event into Reports of Another”, *Applied Cognitive Psychology*, Vol. 12, 1998, pp. 277-285.

### （三）辨认程序主持者的主观倾向

作为确定犯罪嫌疑人、查明案件事实的重要手段，在各国司法实践的很长时期内，刑事辨认程序均由参与案件的警察、检察官来主持。而基于其诉讼任务以及办案效率的要求，办案警察、检察官往往会在主持辨认过程中带有主观倾向，希望辨认主体能够作出肯定的辨认结果。在这种主观倾向的作用下，警察、检察官则会在辨认之前或辨认过程中，暗示、诱导、甚至强迫辨认主体作出其所希望得到的辨认结果。尤其当辨认主体的记忆模糊或不准确时，辨认程序主持者的主观倾向更易导致其作出错误的辨认。在前述美国众多错案中，不少案件中的错误辨认均是因警察的暗示、诱导而致。例如，在哈比·维齐尔·阿比达尔（Habib Wahir Abdal）强奸案、克莱德·查尔斯（Clyde Charles）性侵案等案件中，被害人均接受了不同程度的暗示或诱导而作出警察所希望的辨认结果，但随着案件的真相大白，也证明了这些辨认结果的不准确。

需要指出的是，在本报告已搜集到的 24 例我国涉及错误辨认的冤错案件中，辨认程序主持者的主观倾向是导致错误辨认的最主要原因。在这 24 例案件中，共有 11 例案件存在警察强迫辨认主体进行辨认。而除了海南黄亚全、黄圣育抢劫案中迫使儿童辨认外，其他案件均是警察强迫犯罪嫌疑人或者同案其他犯罪嫌疑人进行辨认，并且，根据相关犯罪嫌疑人的说法，在辨认前均遭到了不同程度的刑讯逼供，再随之“指认”犯罪现场、凶器、赃物、同案其他犯罪嫌疑人等。在湖北佘祥林案中，甚至出现了犯罪嫌疑人在夜间辨认犯罪现场时走错方向后，由警察带路指认的情形。在笔者看来，在某种意义上，犯罪嫌疑人对与犯罪有关的人或物进行辨认也是其作出供述的一种形式。其原因是，在犯罪案件中，除了被害人、证人知道犯罪现场在哪、作案工具是什么、同案其他犯罪嫌疑人是谁之外，只有犯罪嫌疑人自己知道。而对这些人、物或者场所进行辨认，无异于“自证其罪”。当然，在内容上，犯罪嫌疑人供述的是案件的全部事实，而辨认则是案件事实的一部分。从证据的分类上看，供述是直接证据，而辨认是间接证据。据此，笔者认为，之所以辨认程序主持者的主观倾向会成为我国司法实践中错误辨认的最主要原因，同样是因为长期以来“口供中心主义”对侦查机关的消极影响，致使侦查机关寄希望于通过犯罪嫌疑人所作出的辨认来搜集定罪证据，从而导致

"刑讯逼辨"的发生。

**（四）辨认对象的设置差异**

在辨认程序中，因辨认对象设置不当同样能够导致辨认主体作出错误的辨认。例如，在前述美国安东尼奥·比弗尔（Antonio Beaver）抢劫案中，4名列队辨认对象中，仅犯罪嫌疑人的牙齿存在明显缺陷；在约翰尼·布里斯科（Johnny Briscoe）强奸、抢劫案中，在列队辨认时，仅犯罪嫌疑人穿着色彩差异较大；而在托马斯·道斯维尔（Thomas Doswell）强奸案中，在照片辨认时，仅犯罪嫌疑人的照片上标注代表"强奸犯"的R字母。

**（五）辨认场所环境**

在过去的司法实践中，因辨认程序进行时所处的环境不佳，也会导致辨认主体作出错误的辨认。例如，前述吉尼·比宾斯（Gene Bibbins）强奸案中，犯罪嫌疑人被警察关在警车内，面部还被打上闪光灯，再由被害人进行辨认。在奥兰多·波奎特（Orlando Boquete）性侵案中，被害人则是在6米外对警车内的被告人进行辨认。可以说，在这种环境下，被害人很难清楚地对犯罪嫌疑人的面孔进行识别并与其所认知的面孔进行比对，因此容易作出错误的辨认。当然，在如今的司法实践中，辨认程序的实施多在室内进行，室内光源充足，辨认主体也能够在合适距离内进行观察，从而确保其能够清晰地识别客体的面孔，有效降低了因辨认程序所在环境对辨认主体的影响。

当然，相比内在影响因素在一定程度上的不可避免，影响刑事辨认结果准确性的外在影响因素可以通过刑事辨认程序、规则的完善予以弥补，从而在最大范围内减少外在影响因素对辨认结果的影响，进而降低刑事辨认可能带来的诉讼风险，并发挥其破案价值与定案价值。

# 第三章　刑事辨认程序论

## 第一节　刑事辨认程序概述

作为一种依靠辨认人感官记忆来确认犯罪嫌疑人身份、查明案件事实的措施，刑事辨认在发挥其破案价值、定案价值的同时，也存在着巨大的诉讼风险。对此，各国在立法及司法实践中普遍设置了规范的辨认程序，以期提高刑事辨认的准确性，从而在最大程度上降低其所带来的诉讼风险。然而，尽管刑事辨认程序日趋规范，但由于辨认程序在提高辨认结果准确性方面的功能上的局限，其仍无法保证辨认人所作出的辨认绝对准确，尤其当辨认人所作出的是肯定的辨认结果时，即辨认人在辨认程序中辨认出犯罪嫌疑人、物品等对象。因此，在设置刑事辨认程序时，其目标不能单一地指向辨认人作出肯定的辨认结果的准确性，而应首先以辨认人不作出错误辨认为底线目标。同时，鉴于刑事辨认的诉讼风险以及辨认程序的功能局限性，一些国家还设置了辨认程序的适用权限与条件，以及相应的适用限制。而当规范辨认程序后，各国还设置了一系列的相关辨认规则，以进一步提高刑事辨认的准确性。

### 一、刑事辨认程序目标

在现代刑事诉讼中，设置刑事辨认程序的一个重要目标便是提高辨认结果的准确性，尤其是对辨认主体所作出的肯定的辨认结果的准确性。如前所述，只有在辨认结果准确的前提下，刑事辨认才能发挥其重要的诉讼价值。然而，从各国司法实践来看，无论辨认程序设置的如何严格，依然难以保证刑事辨认结果的完全准确。

首先，从辨认内容来看。由于辨认人自身的年龄、性别、种族等以及辨认对象自身的特征等内在因素的影响，辨认人在犯罪过程中无法完全认知案件的全部客观事实，或者说，其在犯罪过程中的认知、记忆瑕疵难以避免。从认识论上讲，这也是由认识的有限性所决定的。因此，在辨认程序中，辨认人所认知、记忆的内容并不完整，其准确性只能以犯罪构成的基本事实是否符合案件的客观事实为参照标准，而无法做到完全准确。

其次，从辨认程序来看。在笔者看来，对于刑事诉讼整体而言，规范辨认程序的一个重要法理依据是程序正义，尤其在英美法系国家，在“正当程序”理念的指导下，诉讼行为均应在法律设定的程序中进行，刑事辨认也不例外。然而，正如罗尔斯在《正义论》中指出，刑事诉讼属于“不完善的程序正义”，即便法律被仔细地遵循，过程被公正恰当地引导，还是会因为某些情况的偶然结合而产生错误的结果。①与之相似，作为刑事诉讼程序的一部分，辨认程序同样无法完全避免错误结果的产生。并且，如前所述，作为一项外在影响因素，辨认程序自身同样能够影响辨认结果的准确性。

最后，从辨认的结果来看。在辨认程序中，辨认人所作出的辨认结果包括两种：一是肯定的辨认结果，即辨认人辨认出犯罪嫌疑人、物品等；二是否定的辨认结果，即辨认人没有辨认出犯罪嫌疑人、物品等。以辨认结果的准确性来衡量，前一结果的准确性表现为辨认人准确地辨认出犯罪嫌疑人、物品等，或者说，被辨认出的犯罪嫌疑人确系犯罪行为人，物品确系与犯罪有关的物品等。而后一种辨认结果的准确性则体现为辨认人没有错误地辨认无辜者，或者与犯罪无关的物品。据此，刑事辨认的准确性应包含两层含义：其一，辨认人准确作出肯定的辨认；

① 罗尔斯在《正义论》中提出了程序正义的三种形态，即“纯粹的程序正义”“完善的程序正义”“不完善的程序正义”。在“完善的程序正义”中，存在着一个决定什么结果是正义的独立标准，和一种保证达到这一结果的程序。然而，在他看来，刑事审判却属于“不完善的程序正义”，因为即便法律被仔细地遵循，过程被公正恰当地引导，还是会因为某些情况的偶然结合而产生错误的结果。参见[美]约翰·罗尔斯：《正义论》，何怀宏等译，中国社会科学出版社1988年版，第84—90页。

其二，辨认人没有作出错误的辨认。

需要指出的是，在辨认人作出否定的辨认结果时，还包括犯罪嫌疑人确系犯罪行为人而辨认主体没有辨认出的情形。对此，笔者认为，这一情形显然不属于辨认准确的范畴。但是，正如罗马法时代的格言所说，“相对于惩罚无辜者而言，放纵罪犯要更好一些”，[①]同样，在刑事辨认程序中，相比辨认人错误地辨认无辜者，其没有辨认出罪犯所产生的危害更小。可以说，这也是设置刑事辨认程序时在惩罚罪犯与保障无辜之间所面临的价值选择。

综上所述，设置刑事辨认程序的最基本目标应为辨认主体没有作出错误的辨认，在此基础上，确保其能够准确地作出肯定的辨认结果。同时，相比辨认主体作出错误的肯定辨认，辨认程序更应接受辨认主体没有辨认出犯罪嫌疑人的辨认结果，而不能强迫辨认人必须作出肯定的辨认。

## 二、刑事辨认程序启动

作为刑事诉讼程序中的一种诉讼行为，刑事辨认程序的启动也有其特定的启动条件，主要包括：其一，程序启动的实体条件；其二，程序启动的程序要件，其中又可分为立法授权或上级批准，以及对犯罪嫌疑人实施辨认程序中经犯罪嫌疑人的同意。除此之外，在一些国家，对于特殊群体，刑事辨认程序的启动还设置了相应限制。

### （一）刑事辨认程序启动的实体条件

在大陆法系国家，作为查明案件事实的各类侦查行为或强制措施，其程序启动的重要实体条件便是确定对案件有重要作用的事实，或者说与犯罪有关的事实，如确认犯罪嫌疑人的身份，这也是相关主体实施侦查行为或强制措施的主要目的。台湾学者林钰雄指出，对于案件有重要性的事实，主要包括两项内容：一是指对本案判断有意义的相关事实，如关于本案犯罪成立要件及其法律效果判断之实体事实；二是指已有具

① 该句是罗马法时代著名格言“疑义时，做有利于被告人的解释”的另一表述方式。参见陈瑞华：《看得见的正义》（第二版），北京大学出版社 2013 年版，第 133 页。

体根据可得推论可能存在所欲探知的事实，且后者是较为重要的控制门槛。[①]对此，笔者认为，前一项内容是采取某一侦查行为或强制措施的概括性前提，即要查明的事实须是与案件有内在关联的事实；而后一项内容则是具体采取某一侦查行为或强制措施的特定事实根据。例如，某人曾多次出现在犯罪现场，根据这一事实，则可通过被害人或者证人的辨认来确认此人是否是本案的犯罪嫌疑人。具体到刑事辨认上，大陆法系国家在立法中多只规定了前述第一项内容，即启动刑事辨认的概括性前提。例如，在德国，《德国刑事诉讼法典》第163条b第1款规定，如果怀疑某人犯罪，检察院和警官可以采取查明其身份的措施，同时，该条第2款还规定，如果并且只要查明犯罪需要，也可以查明没有犯罪嫌疑的人的身份。[②]

在英美法系国家，虽然没有法定的侦查程序，但在审前程序中，刑事辨认同样是警察或检察官查明案件事实、收集证据的重要方式，相关法律同样规定了启动辨认程序的概括性前提，如英国《1984年警察与刑事证据法》之《守则D》第1节第7条规定，只有当有正当理由以及基于预防、发现或调查犯罪的必要，才能实施辨认程序。[③]

对此，笔者认为，由于立法并未明确启动辨认程序的特定事实根据的条件，在司法实践中，只能依据警察或检察官的办案经验以及案件具体情况来作出判断。而如此一来，则可能造成在没有特定事实根据或特定事实根据不充分的情形下，对一名无辜的人采取辨认，而一旦被害人或证人错误地辨认，则将可能直接导致这名无辜的人被错误地追究犯罪。

**（二）刑事辨认程序启动的程序条件**

除实体条件外，辨认程序的启动还有其程序条件。概括而言，在大陆法系国家，以立法授权为主，即相关法律授权警察或检察官直接启动辨认程序；在英美法系国家，由于控辩双方处于当事人主义下的平等地位，控方不得强制对犯罪嫌疑人进行取证，因而辨认程序的启动需要得到犯罪嫌疑人的同意，而不得强制启动辨认程序。同时，在一些国家，

---

① 参见林钰雄：《干预处分与刑事证据》，北京大学出版社2010年版，第44页。

② 参见宗玉琨译注：《德国刑事诉讼法典》，知识产权出版社2013年版，第164页。

③ See Code D, 2.9, "Police and Criminal Evidence Act 1984 (PACE)", 2011 Version, https://www.gov.uk/government/publications/pace-code-d-2011, 2015年4月20日。

程序的启动还需要得到上级的批准。

1. 立法授权

在大陆法系国家，对于公民基本权利进行干预的侦查行为或强制措施，原则上采取法官保留原则，即事先应接受法官的司法审查并得到法官的授权。但对于轻微的干预行为，依据宪法上的比例原则，则可通过立法授权警察或检察官直接实施。在德国，除《德国刑事诉讼法典》第163条b外，第81条b还规定，在进行刑事程序或警察登记部门的需要的限度内，可以违背被指控人的意志，对其进行照相、提取指纹、测量身体和采取其他类似处分。①也就是说，刑事辨认程序的启动属于立法对警察或检察官的授权范围之内，且无须得到被指控人的同意。需要指出的是，虽然警察或检察官可以直接启动辨认程序，但当警察或检察官因启动辨认程序而需要拘留犯罪嫌疑人时，根据《德国刑事诉讼法典》第163条c的规定，其应及时交由地方法院法官进行司法审查，以确定是否准许或继续剥夺其自由，如果取得法官裁决的时间会超过辨认程序所需要的时间，则无须进行该项审查。②在俄罗斯，作为法定侦查行为的辨认，同样属于侦查人员法定的权限范围之内，且不属于《俄罗斯联邦刑事诉讼法典》第29条所规定的须由法院事先审查的侦查行为。③

2. 犯罪嫌疑人同意

在英美法系国家，控辩双方处于平等的当事人地位，基于不得强迫自证其罪原则，控方不得强制对辩方进行取证。因此，对犯罪嫌疑人实施辨认程序的启动一般需要得到犯罪嫌疑人的同意。在英国，根据《1984年警察与刑事证据法》之《守则D》第3节第4条的规定，辨认程序启动的条件之一便是犯罪嫌疑人愿意“有效参与”到视频、列队或群

---

① 参见宗玉琨译注:《德国刑事诉讼法典》,知识产权出版社2013年版,第41页。

② 参见宗玉琨译注:《德国刑事诉讼法典》,知识产权出版社2013年版,第165页。

③ 依据《俄罗斯联邦刑事诉讼法典》第29条规定,在审前程序中,只有法院才有权作出以下裁判:“(1)选择羁押、监视居住作为强制处分。(2)延长羁押期限。(3)将未被羁押的犯罪嫌疑人、刑事被告人安置到医疗机构或精神病住院机构分别进行法医学鉴定或司法精神病学鉴定。(4)不经住户的同意进行住宅勘验。(5)在住宅里进行搜查和(或)提取。(6)进行人身搜查,但本法典第93条规定的情形除外。……”参见《俄罗斯联邦刑事诉讼法典》,黄道秀译,中国人民公安大学出版社2006年版,第25—26页。

体辨认等程序中。[①]在笔者看来，“有效参与”主要指犯罪嫌疑人不仅参与辨认程序，还需积极配合辨认程序的要求。否则，尽管其参与辨认程序，却消极、不配合，也难以让辨认人作出准确的辨认。在澳大利亚，根据2014年最新修改的《1914年犯罪法》第3ZM条第2款的规定，刑事辨认程序的举行需要得到犯罪嫌疑人的同意。同时，依据第3ZJ条第3款的规定，在一般情况下，警方提取辨认材料也需要当事人的书面同意。[②]

然而，在美国，联邦最高法院在施梅波诉加利福尼亚一案中指出，在辨认程序中，犯罪嫌疑人并不受宪法第五修正案所赋予的不得强迫自证其罪特权的保护。在该案中，多数法官认为：“很明显该特权保护被告人的任何形式的信息表达和交流，强制予以回应也是一种表达，比如从传票提供文件的行为……另一方面，联邦和州法院均已规定，对下列强制行为不提供保护：提取指纹、拍照或测量、为辨认准确笔迹和语音、在法庭上露面、站立、设定姿势、走步或者做特殊的动作。所呈现的区别常常以不同方式表达出来，该权利禁止强迫‘交谈’或‘指证’，但是使得嫌疑人或被告人成为‘实物证据’的逼迫行为不侵犯该权利。”[③]在本案中，联邦最高法院进一步解释：“辨认过程中要求被辨认者说特定内容的话、穿特定的衣服或像韦德案一样在脸颊贴上磁带条等，只是为了获得其声音等特征，并增加辨认效果。在此基础上，证人能够更好地从体态、声音、衣物等物理特征入手得出更为准确的辨认结论。事实上，体态、声音、衣着如同指纹、血样、足迹等物证，只是人拥有或附属的一些物理特征，辨认时强迫被辨认者展示身体、说特定内容的话，就如同强迫某人擦指印、抽血、拍照一样，虽略有侵略性，但因不属于言辞证据而不在宪法第五修正案的保护范围内。”[④]通过该案，联邦最高法院确立了美国辨认程序启动的施梅波规则，即强制辨认并不在宪法第五修正

① See Code D, 2.9, “Police and Criminal Evidence Act 1984 (PACE)”, 2011 Version, https://www.gov.uk/government/publications/pace-code-d-2011, 2015年4月20日。

② See Section 3ZJ, 3ZM, “Crimes Act 1914”, http://www.comlaw.gov.au/Series/C1914A00012, 2015年4月22日。

③ [美]伟恩·R. 拉费弗、杰罗德·H. 伊斯雷尔、南西·J. 金：《刑事诉讼法》，卞建林、沙丽金等译，中国政法大学出版社2003年版，第415—416页。

④ See *Schmerber v. California*, 384 U.S. 757, 86 S. Ct. 1826, 16L. Ed. 2d 908 (1966).

案的保护范围之内，警察可以强制启动辨认程序，并在辨认过程中强制犯罪嫌疑人进行警察所要求的动作。

3. 上级授权或批准

在英国，办案警察启动辨认程序还需要得到上级的事先授权或者批准。《1984 年警察与刑事证据法》之《守则 D》第 2 节第 9 条规定，辨认程序的实施需要得到至少是督察或者警司级别的官员的批准，或者由本法第 107 条所规定的被授予行使更高级别职权的警长或高级督察进行事先授权。

**（三）刑事辨认程序启动的限制**

此外，在一些国家，辨认程序的适用还会受到一定限制。例如，在澳大利亚，《1914 年犯罪法》第 3ZN 条第 1 款规定，不得对 10 岁以下的犯罪嫌疑人启动辨认程序。该条第 2 款规定，在没有治安法官的命令下，不得对没有行为能力的犯罪嫌疑人启动辨认程序。该条第 3 款规定，对于 10 岁以上 18 岁以下，或没有行为能力的犯罪嫌疑人，启动辨认程序还需要得到犯罪嫌疑人、其监护人的书面同意或要求，或者治安法官作出启动辨认程序的命令。而法官作出该命令时必须参考犯罪的严重程度、当事人的年龄或行为能力，以及其他应当考虑的因素。①

## 三、刑事辨认程序规则

为了提高辨认结果的准确性，各国在辨认程序中均设置了一系列辨认规则。尤其在英美法系国家，刑事辨认程序规则仍在不断丰富与完善的过程之中。

**（一）办案人员回避规则**

办案人员回避规则主要指在辨认程序中，负责案件侦查的办案人员不得担任辨认程序的主持者。其目的在于防止办案人员因其在办案过程中形成对案件事实的主观预断或者偏见而影响辨认人的辨认结果。在过去的司法实践中，办案警察在破案压力等因素的影响下，往往希望辨认人作出肯定的辨认，在辨认程序中便会施加不当干预，从而导致辨认人

---

① See Section 3ZN,“Crimes Act 1914”,http://www.comlaw.gov.au/Series/C1914A00012,2015 年 4 月 22 日。

作出错误的辨认。对此，英美法系主要国家均在辨认程序中确立了办案人员回避的规则。英国《1984 年警察与刑事证据法》之《守则 D》第 3 节第 11 条规定，对于该守则第 3 节第 5 条至第 10 条所规定的视频辨认程序、列队辨认程序、群体辨认程序，必须由未参与案件侦查的、不低于督察级别的辨认警官负责安排与指挥。除法律另有规定外，辨认警官可以授权其他未参与办案的警官或警员安排与指挥上述辨认程序。在这些经授权的辨认程序中，辨认警官必须确保能够有效监督，并能及时进行干预或指导。除因辨认程序需要，参与对犯罪嫌疑人调查的任何警官或其他人均不得参与辨认程序，或担任辨认警官。[①]在美国的一些州，不仅要求辨认程序的主持者不得是参与办案的警察，同时还要求不得让辨认程序的主持者知悉辨认对象中犯罪嫌疑人的身份，以防止其在辨认程序中进行不当干预、暗示或诱导，从而影响辨认人作出客观的辨认。这一规则也被称之为“双盲规则”。[②]相比之下，在大陆法系主要国家，相关立法并未作此规定，实践中仍由办案人员主持辨认程序。

**（二）事先询问规则**

事先询问规则主要是指在辨认开始前应对辨认人进行询问，询问的内容主要包括犯罪嫌疑人、物品等辨认对象的特征，辨认人看见犯罪嫌疑人等辨认对象时的情形，如当时的距离、光线等，以及辨认人此前是否见过或曾辨认过相关对象等内容。通过询问，能够了解辨认人对于辨认对象认知的清晰程度以及认知时的内外在影响因素，也能够了解辨认人对辨认对象认知的特征是否准确，还能发现辨认人在认知后是否受到事件后信息的影响，从而有助于判断辨认人认知的可信性以及其是否能够作出准确辨认。无论是英美法系国家，还是大陆法系国家，事先询问辨认人均是刑事辨认程序中的重要一环，相关法律也多予以明确规定。在英国，根据《1984 年警察与刑事证据法》之《守则 D》第 3 节第 1 条的规定，在视频、列队、群体等辨认程序进行前，应对证人进行询问，并对潜在证人对犯罪嫌疑人的初次描述予以记录，法律另有规定的除外。

① See Code D, 3. 11, “Police and Criminal Evidence Act 1984 (PACE)”, 2011 Version, https://www.gov.uk/government/publications/pace-code-d-2011, 2015 年 4 月 20 日。

② See Innocence Project, “Eyewitness Identification Reform”, http://www.innocenceproject.org/Content/Eyewitness_Identification_Reform.php, 2015 年 1 月 24 日。

同时，对于证人所描述的细节，要以可见可读的方式进行准确记录。[①]在意大利，《意大利刑事诉讼法典》第213条第1款规定，对犯罪嫌疑人进行辨认时，法官应当“要求辨认者描述有关人员的情况，列举一切他所记得的特征；然后询问他在以前是否对该人进行过辨认，在案件发生前后是否见过需加以辨认者包括其照片，是否有人向他指出过或者描述过该人，是否存在其他可能影响辨认可信性的情况”。《意大利刑事诉讼法典》第215条、第216条同样规定，对物品及其他对象辨认，也要进行询问。同时，根据《意大利刑事诉讼法典》第213条第2、3款，对于询问内容应在笔录中予以记录，且未进行事先询问及记录的辨认活动无效。[②]在俄罗斯，《俄罗斯联邦刑事诉讼法典》第193条第2款规定，“对辨认人应事先询问他们看见所提供辨认的人或物时的情况，以及他们据以作出辨认的特征和特点”。[③]

**（三）事先告知规则**

事先告知规则主要包括两项内容：其一，在进行辨认前，应告知辨认人有关辨认的相关事宜等；其二，在对犯罪嫌疑人的辨认程序中，在进行辨认前，还应告知犯罪嫌疑人所享有的权利，如律师在场权、列队辨认中选择位置的权利等，以及其拒绝参与辨认的后果等。

对于辨认人而言，事先告知规则主要在于为其辨认提供指导，帮助其作出准确的辨认。对此，其中一项重要的告知内容便是在辨认前，应明确告知辨认人：犯罪嫌疑人或与犯罪有关的物品等可能在辨认对象之中，也可能不在其中；同时，并不必须要作出肯定的辨认结果。如英国《1984年警察与刑事证据法》之《守则D》附件A第11条规定，“在视频辨认前，证人应被告知其在之前见过的人可能出现、也可能没有出现在视频画面中，如果他们不能作出肯定的辨认，则应如实说明”。[④]同时，附件B、C、D、E中还分别在列队辨认程序、群体辨认程序、对质程序

---

① See Code D,3.1,“Police and Criminal Evidence Act 1984 (PACE)”,2011 Version,https://www.gov.uk/government/publications/pace-code-d-2011, 2015年4月23日。

② 参见《意大利刑事诉讼法典》，黄风译，中国政法大学出版社1994年版，第74—75页。

③ 参见《俄罗斯联邦刑事诉讼法典》，黄道秀译，中国人民公安大学出版社2006年版，第177页。

④ See Annex A,11,Code D,“Police and Criminal Evidence Act 1984 (PACE)”,2011 Version,https://www.gov.uk/government/publications/pace-code-d-2011,2015年4月24日。

以及照片辨认程序中，作出同样规定。[①]在美国，美国律师协会在其《关于促进目击证人准确辨认的最佳做法的声明》中也以指导方针的形式提出了对目击证人事先告知规则的内容，其第2条规定："目击证人应被告知：罪犯可能在、也可能不在队列中；他们不应当假设实施列队辨认的人知道犯罪嫌疑人是谁；并且，他们不需要指认任何人，但是，如果他们指认了某人，他们将被期待能够用自己的话说明他们作出辨认的确信程度或者不确信的程度。"[②]

对于犯罪嫌疑人而言，事先告知规则主要在于告知其所享有的权利，以确保在辨认过程中其合法权益不被侵犯或者被错误指认，同时，对于犯罪嫌疑人拒绝参与辨认的行为，明确告知其所面对的法律后果。例如，英国《1984年警察与刑事证据法》之《守则D》第3节第11条规定，在视频辨认、列队辨认或群体辨认前，应向犯罪嫌疑人告知以下事项："（1）视频辨认、列队辨认或群体辨认的目的；（2）享有免费法律咨询的权利；（3）辨认的相关程序，包括他们有权有一名律师或朋友在场；（4）有权不同意或不配合视频辨认、列队辨认或群体辨认；（5）如果他们不同意或不配合视频辨认、列队辨认或群体辨认，他们拒绝的行为可在随后的审判中作为证据，并且警察可在没有得到其同意的情形下，进行秘密辨认……"[③]在澳大利亚，《1914年犯罪法》第3ZM条第3款规定，犯罪嫌疑人应被告知，（a）他或她有权拒绝参加列队辨认；（b）如果他或她拒绝参加列队辨认，那么：（ⅰ）拒绝的行为将在随后的相关程序用做解释辨认程序没有举行的证据；（ⅱ）证人通过照片或其他方式对犯罪嫌疑人作出的辨认同样可用作证据；（c）当犯罪嫌疑人决定参加列队辨认时，可以选择一名辩护律师或其他人在场。[④]而在大陆法系国家，如前所述，犯罪嫌疑人并不处于平等当事人的地位，尤其在侦查阶

① See Annex B, Annex C, Annex D, Annex E, Code D, "Police and Criminal Evidence Act 1984 (PACE)", 2011 Version, https://www.gov.uk/government/publications/pace-code-d-2011, 2015年4月。

② "American Bar Association Statement of Best Practices for Promoting the Accuracy of Eyewitness Identification Procedures", http://apps.americanbar.org/dch/thedl.cfm%3Ffilename%3D/CR209700/relatedresources/ABAEyewitnessIDrecommendations.pdf, 2015年4月25日。

③ Code D, 3.17, "Police and Criminal Evidence Act 1984 (PACE)", 2011 Version, https://www.gov.uk/government/publications/pace-code-d-2011, 2015年4月24日。

④ See Section 3ZM, "Crimes Act 1914", http://www.comlaw.gov.au/Series/C1914A00012, 2015年4月。

段，犯罪嫌疑人在事实上已成为侦查权的客体，使得警察或检察机关可以强制对其进行取证，而在辨认程序中，一般没有相关的告知内容。

**（四）单独辨认规则**

单独辨认规则主要指当有数名辨认人进行辨认时，需将辨认人分离，由每名辨认人单独进行辨认。该规则设置的主要目的在于防止辨认人之间在辨认过程中互相交流、暗示、干扰等，从而影响辨认人各自的辨认结果。作为辨认程序的一项基本规则，各国均普遍在辨认程序中设置了单独辨认规则。在英国，《1984 年警察与刑事证据法》之《守则 D》第 3 节第 2 条第 3 款规定，“当超过一名证人时，应将他们分离并确保证人独立地进行辨认”。[①]同时，在附件 A、B、C、D、E 中，也分别确立了视频辨认、列队辨认、群体辨认等程序中的单独辨认规则。在澳大利亚，《1914 年犯罪法》第 3ZM 条第 6 款中规定，当超过一名证人进行列队辨认时，每一名证人需要单独观察队列，并且，不管是在列队辨认前或之后，证人之间不得交流；每一名证人观察队列并作出辨认后，犯罪嫌疑人可以改变其在列队中的位置。[②]在意大利，《意大利刑事诉讼法典》第 217 条第 1 款规定：“当数人对同一人或者同一物进行辨认时，法官组织他们分别辨认，防止已完成辨认活动的人与尚需实施辨认的人进行任何联系。”[③]

此外，在英、澳等国家，单独辨认规则还适用于数名犯罪嫌疑人的列队辨认中，即对数名犯罪嫌疑人进行辨认时，不得同时出现在同一列队辨认程序中，而应分开出现在不同的队列中。如澳大利亚《1914 年犯罪法》第 3ZP 条规定，当警察需要对同一例犯罪中的两名或以上的犯罪嫌疑人进行辨认时，警察必须对每一名犯罪嫌疑人启动单独的辨认程序。[④]

**（五）混杂辨认规则**

混杂辨认规则主要是指在辨认程序中，拟被辨认的犯罪嫌疑人或物

---

① See Code D,3.2,“Police and Criminal Evidence Act 1984 (PACE)”,2011 Version,https://www.gov.uk/government/publications/pace-code-d-2011,2015 年 4 月 24 日。

② See Section 3ZM,“Crimes Act 1914”,http://www.comlaw.gov.au/Series/C1914A00012, 2015 年 4 月 24 日。

③ 《意大利刑事诉讼法典》,黄风译,中国政法大学出版社 1994 年版,第 75 页。

④ See Section 3ZP,“Crimes Act 1914”,http://www.comlaw.gov.au/Series/C1914A00012, 2015 年 4 月 24 日。

品等应与其他具有相似特征的人或物混杂在一起，由辨认人从中作出辨认。设置混杂辨认规则主要在于防止辨认人在对单一的人或物进行辨认时所产生的暗示心理，从而可能作出错误的辨认。在现代辨认程序中，混杂辨认原则同样是各国司法实践中普遍运用的规则之一，其区别主要在于各国在具体设置其他陪衬对象的数量上不尽相同。例如，在对犯罪嫌疑人的列队辨认程序中，英国《1984 年警察与刑事证据法》之《守则 D》附件 B 第 9 条规定，除犯罪嫌疑人外，列队辨认中的队列至少由 8 人组成，这些人在年龄、身高、相貌及生活状况上应尽可能与犯罪嫌疑人相似。[①]澳大利亚《1914 年犯罪法》第 3ZM 条第 6 款规定，队列必须至少由 9 人组成，这些陪衬人必须在年龄、身高以及相貌上与犯罪嫌疑人相似；同时，这些人不应有与证人辨认前所描述的犯罪嫌疑人明显不同的可视特征。[②]在意大利，根据《意大利刑事诉讼法典》第 214 条 1 款的规定，在列队辨认中，法官应安排至少两人共同接受辨认，且应与需加以辨认者相似，包括在服装上相似。[③]在俄罗斯，《俄罗斯联邦刑事诉讼法典》第 193 条第 3 款规定，被辨认人应与其他外表尽可能相似的人一起提供辨认。被提供辨认的人总数不得少于 3 人。[④]

**（六）禁止暗示规则**

禁止暗示规则是指在辨认程序中，程序的主持者不得通过言语、眼神等形式暗示辨认人从而影响其作出辨认。如前所述，辨认人，尤其是未成年人，在辨认过程中容易受到暗示的影响而作出与其认知不符的判断。在过去的司法实践中，也发现了不少错案中的错误辨认源自辨认人在辨认过程中受到过警察的暗示。因此，主要国家也确立了辨认程序中的禁止暗示规则。在英国，《1984 年警察与刑事证据法》之《守则 D》对辨认程序中辨认人可能会受到暗示的情形均作出了禁止性规定。如附件 B 第 14 条规定，在证人辨认前，应采取适当措施确保他们：无法与其他证人就案件进行交流，或偷听到已经进行辨认的证人的谈话；无法看

---

① See Code D, Annex B, 9, "Police and Criminal Evidence Act 1984 (PACE)", 2011 Version, https://www.gov.uk/government/publications/pace-code-d-2011, 2015 年 4 月 24 日。

② See Section 3ZM, "Crimes Act 1914", http://www.comlaw.gov.au/Series/C1914A00012, 2015 年 4 月 24 日。

③ 参见《意大利刑事诉讼法典》，黄风译，中国政法大学出版社 1994 年版，第 74 页。

④ 参见《俄罗斯联邦刑事诉讼法典》，黄道秀译，中国人民公安大学出版社 2006 年版，第 178 页。

到辨认队列的组成人员；无法看到犯罪嫌疑人的照片或素描，或者看到任何可能暗示犯罪嫌疑人身份的材料；无法在辨认前后见到犯罪嫌疑人。同时，第 15 条规定，主持辨认的人不得与证人交谈关于列队辨认组成的内容，尤其不得透露之前的证人是否已作出辨认。[①]在澳大利亚，澳大利亚《1914 年犯罪法》第 3ZM 条第 6 款中规定，“不得向证人作出任何暗示或可能暗示谁是犯罪嫌疑人的行为”。[②]在俄罗斯，《俄罗斯联邦刑事诉讼法典》第 193 条第 7 款规定，“……不得提出诱导性的问题”。[③]

**（七）全面记录规则**

全面记录规则是指对于辨认程序的全过程应予以记录。全面记录规则的目的，一方面可以全面、清楚地回顾辨认程序，从而发现辨认程序中是否存在程序违法的情形；另一方面，还可以直观感受并判断辨认人所作出的辨认结果的准确性。从记录方式上看，在英美法系国家，主要以视频记录的方式为主；在大陆法系国家，一般要求通过书面笔录的方式予以记录，也可选择录像、照相等方式。英国《1984 年警察与刑事证据法》之《守则 D》附件 B 第 23 条规定：“一般情况下，必须通过视频记录辨认程序。如果无法实现，则需要拍下彩色照片。……”[④]澳大利亚《1914 年犯罪法》第 3ZM 条第 6 款中规定，如果可行，辨认程序必须通过视频予以记录。如果没有通过视频记录，则必须通过彩色照片记录辨认过程。……负责程序的警察必须采取所有可能的步骤来记录辨认程序参与者的言行。[⑤]《意大利刑事诉讼法典》第 214 条第 3 款规定：“在笔录中记入辨认活动的进行方式，否则行为无效。法官可以决定通过照相、录像或者采用其他手段将进行辨认的情况记录下来。”[⑥]《俄罗斯联邦刑事诉讼法典》第 193 条第 9 款规定：“在辨认结束后，应依照本法典第

---

① See Code D, Annex B, 14, 15, “Police and Criminal Evidence Act 1984 (PACE)”, 2011 Version, https://www.gov.uk/government/publications/pace - code - d - 2011, 2015 年 4 月 24 日。

② See Section 3ZM, “Crimes Act 1914”, http://www.comlaw.gov.au/Series/C1914A00012, 2015 年 4 月 24 日。

③ 参见《俄罗斯联邦刑事诉讼法典》，黄道秀译，中国人民公安大学出版社 2006 年版，第 178 页。

④ Code D, Annex B, 23, “Police and Criminal Evidence Act 1984 (PACE)”, 2011 Version, https://www.gov.uk/government/publications/pace - code - d - 2011, 2015 年 4 月 24 日。

⑤ See Section 3ZM, “Crimes Act 1914”, http://www.comlaw.gov.au/Series/C1914A00012, 2015 年 4 月 24 日。

⑥ 《意大利刑事诉讼法典》，黄风译，中国政法大学出版社 1994 年版，第 75 页。

166 条和第 167 条制作笔录。”①

## 第二节 对犯罪嫌疑人的辨认程序

如前所述，作为查明案件事实的一项重要措施，在各国司法实践中，刑事辨认的一项主要内容就是对犯罪嫌疑人的辨认。尤其在英美法系国家，刑事辨认的对象仅限于犯罪嫌疑人。从具体的辨认程序上来看，各国对犯罪嫌疑人的辨认程序主要采取列队辨认与照片辨认两种形式。同时，在英美法系的一些国家，根据不同情形，对犯罪嫌疑人的辨认程序还可采用视频辨认、群体辨认、街头辨认等。总体而言，不管采取何种具体形式，辨认程序的设置仍以前述一般规则为实施框架，但在辨认程序的具体要求上，不同形式的辨认程序仍有其差别之处。

### 一、列队辨认程序

列队辨认程序是指在辨认主持者的引导下，由犯罪嫌疑人与其他陪衬人员组成一个若干人数的队列，由辨认人进行辨认的程序。在笔者看来，列队辨认是对犯罪嫌疑人辨认的标准程序，只要条件允许，应以适用列队辨认程序为原则。因为在列队辨认程序中，辨认人能够直观地看到犯罪嫌疑人，对于犯罪嫌疑人的身高、体重等特征能形成一个整体上的认识，同时，在列队辨认过程中还能够让犯罪嫌疑人及陪衬人员发出特定声音或作出特定动作，均能帮助辨认人与其所感知、记忆的内容相比较，从而作出准确判断。而只有在条件不足时，如警方尚未掌握特定的犯罪嫌疑人或犯罪嫌疑人尚未归案时，才采取照片辨认等其他形式的辨认程序。从司法实践中看，列队辨认程序是各国对犯罪嫌疑人辨认时所适用的主要程序。但是，在具体程序设置上，大陆法系国家在立法上并未专门就列队辨认程序作出规定。在实践中，警察或检察官主要以相

---

① 《俄罗斯联邦刑事诉讼法典》，黄道秀译，中国人民公安大学出版社 2006 年版，第 178 页。

关法律规定的有关辨认的一般规则为依据来实施辨认程序，这就容易造成警察或检察官在没有规范的程序规定或要求时出现不当操作，从而难以有效保证辨认人的辨认准确性。在英美法系国家，如英国、澳大利亚，对列队辨认程序也作出了专门性规定，尤其在辨认对象的设置上，详细规定了陪衬人员相似性的具体要求，同时，由于犯罪嫌疑人需要亲自参加列队辨认程序，英美法系国家在立法上也赋予其多项权利，如律师的在场权、队列中的位置选择权等，以确保犯罪嫌疑人不被辨认人错误地辨认。

**（一）列队辨认程序的适用条件**

由于列队辨认需要犯罪嫌疑人亲自参加，因此，适用列队辨认程序的一个基本条件便是警察或检察官已获悉或者已羁押特定的犯罪嫌疑人，继而才能让证人或被害人对其进行辨认。同时，如前文所述，在英美法系的一些国家，辨认程序启动还需要得到犯罪嫌疑人的同意，列队辨认程序也不例外，如澳大利亚《1914 年犯罪法》第 3ZM 条规定，当犯罪嫌疑人同意，或者其要求时，警方必须适用列队辨认程序。在英国，根据《1984 年警察与刑事证据法》之《守则 D》第 3 节第 4 条规定，适用列队辨认程序的基本条件是“犯罪嫌疑人已被获悉且适合”（Known and Available），其中，“已被获悉”是指警察已掌握充分信息并将对涉案犯罪嫌疑人实施逮捕；“适合”是指嫌疑人能够立即或者在一个合理的短时间内参加辨认程序，且同意参加并愿意在辨认程序中积极配合。[①]需要指出的是，在满足这一基本条件的前提下，对犯罪嫌疑人的辨认可适用列队辨认、视频辨认、群体辨认三种程序，辨认警官与负责侦查的警官则有权商议决定选择哪种程序。根据《1984 年警察与刑事证据法》之《守则 D》第 3 节第 14 条的规定，适用列队辨认程序还需考虑辨认人的人数、健康状况、适合性以及旅程的要求。[②]

**（二）列队辨认程序中的具体要求**

在英、澳等国，相关法律除规定列队辨认程序所应遵循的一般规则

---

① See Code D, 3. 4, “Police and Criminal Evidence Act 1984 (PACE)”, 2011 Version, https://www.gov.uk/government/publications/pace-code-d-2011, 2015 年 4 月 24 日。

② See Code D, 3. 14, “Police and Criminal Evidence Act 1984 (PACE)”, 2011 Version, https://www.gov.uk/government/publications/pace-code-d-2011, 2015 年 4 月 24 日。

外，对于辨认程序中的相关参与人员也有着不同的具体要求。

第一，对程序主持者的要求。在英国，对于程序的主持者，《守则D》附件B还规定：首先，在列队辨认开始之前，辨认警官除依法实施事先询问、事先告知等事项外，还应确保没有获得授权或资格的人不得进入列队辨认场所。其次，在列队辨认的过程中，除应遵循禁止暗示规则外，还不得与证人讨论关于队列的组成，更不得向其透漏其他证人是否已经作出辨认。同时，在辨认过程中，还应确保辨认人能够完全看清楚队列中的每一名成员。最后，在辨认结束时，除全面记录辨认程序的全过程，还应询问证人在辨认前是否在电视节目或公开的视频、照片中见过犯罪嫌疑人，并对其回答予以记录。同时，当所有证人离场后，还应向犯罪嫌疑人询问其对于辨认操作流程的意见。[①]

第二，对辨认人的要求。为防止辨认人之间的互相干扰，对于辨认人，除遵循单独辨认规则外，在英国，《1984年警察与刑事证据法》之《守则D》附件B第14条还规定，辨认人之间不得交流关于案情的内容，或者偷听其他已经见过队列的辨认人的谈话。在澳大利亚，《1914年犯罪法》同样有此类似规定，即在证人进行辨认前，不得与其他证人进行交谈。

第三，对犯罪嫌疑人及陪衬人员的要求。对于列队辨认程序中队列的设置，在遵循混杂辨认规则的基础上，英、澳等国家还作出了其他具体要求。首先，对于犯罪嫌疑人与陪衬人员相似性的要求，英国《1984年警察与刑事证据法》之《守则D》附件B第9条规定，陪衬人员在年龄、身高、相貌以及生活中的姿态上应尽可能与犯罪嫌疑人相似。[②]澳大利亚《1914年犯罪法》第3ZM条中也作出类似规定，队列中的其他人应在年龄、身高、相貌上与犯罪嫌疑人相似；并且，其他人不得有明显区别于证人所描述的犯罪嫌疑人特征的可视特征。[③]同时，对于犯罪嫌疑人的独有特征，英国《1984年警察与刑事证据法》之《守则D》附件B第

---

① See Code D, Annex B, 7, 15, 16, 21, 22, "Police and Criminal Evidence Act 1984 (PACE)", 2011 Version, https://www.gov.uk/government/publications/pace-code-d-2011, 2015年4月24日。

② See Code D, Annex B, 9, "Police and Criminal Evidence Act 1984 (PACE)", 2011 Version, https://www.gov.uk/government/publications/pace-code-d-2011, 2015年4月24日。

③ See Section 3ZM, "Crimes Act 1914", http://www.comlaw.gov.au/Series/C1914A00012, 2015年4月24日。

10 条规定："如果犯罪嫌疑人拥有不常见的身体特征，如面部疤痕、文身或独特发型或发色，且其他陪衬人员难以与之相匹配，则需要将犯罪嫌疑人的独有特征予以遮蔽，同时，在陪衬人员的相同身体部位上也要采取遮蔽措施。例如，使用石膏涂抹其表面，或戴上帽子，使犯罪嫌疑人与陪衬人员在整体身形上保持相似。"①此外，在犯罪嫌疑人与陪衬人员的着装上，英国《1984 年警察与刑事证据法》之《守则 D》附件 B 还规定，如果犯罪嫌疑人是一名囚犯，且辨认程序在监狱中进行，则该名犯罪嫌疑人不得身着囚服，或者，其他陪衬人员同样穿上囚服。在澳大利亚，《1914 年犯罪法》第 3ZM 条中则规定，队列中的任何人不得穿着明显区别于其他人的服装。

其次，犯罪嫌疑人与陪衬人员配合辨认的要求。在辨认过程中，辨认人可以要求队列的全体人员发出特定声音或作出特定动作以帮助辨认人作出辨认，而犯罪嫌疑人与陪衬人员也应配合。英国《1984 年警察与刑事证据法》之《守则 D》附件 B 第 18 条规定："如果证人希望听到队列全体成员说话的声音，摆出特定的姿势或作出动作，警方需要询问证人能否仅凭相貌作出辨认。当证人要求听到队列全体成员说话时，警方需要提醒证人队列的陪衬人员的选择仅依据身体特征的相似性。之后，警方可以要求列队成员按证人的要求说话、作出动作或摆出特定姿势。"②澳大利亚《1914 年犯罪法》同样规定，如果证人要求，队列成员应按要求说话、作出动作或摆出特定姿势。但证人应被告知队列成员的选择仅依据身体特征的相似。

最后，对于多名犯罪嫌疑人的要求。在出现对多名犯罪嫌疑人进行辨认时，同样需要遵循单独辨认规则，即在队列中只能出现一名犯罪嫌疑人。对此，《守则 D》附件 B 第 9 条规定，在列队辨认程序中，队列只能包含一名犯罪嫌疑人，除非两名犯罪嫌疑人在相貌上相似。在此情形下，需要由至少其他 12 名成员共同组成队列。在任何条件下，均不得同时对两名以上的犯罪嫌疑人进行列队辨认。

---

① Code D, Annex B, 10, "Police and Criminal Evidence Act 1984 (PACE)", 2011 Version, https://www.gov.uk/government/publications/pace-code-d-2011, 2015 年 4 月 24 日。

② Code D, Annex B, 18, "Police and Criminal Evidence Act 1984 (PACE)", 2011 Version, https://www.gov.uk/government/publications/pace-code-d-2011, 2015 年 4 月 24 日。

此外，值得关注的是，在美国的新泽西州、北卡罗来纳州等地区，对列队辨认程序中犯罪嫌疑人及陪衬人员的出场设置有了新的要求，即犯罪嫌疑人及陪衬人员不再同时出现，而改为队列成员依次出现在辨认人面前并由其观察，这一形式也称之为“依次列队辨认”（Sequential Lineups）。[①]对此，不少学者也通过实验对“依次列队辨认”程序与传统的“同步列队辨认”（Simultaneous Lineups）程序中的辨认准确性展开实证研究，结果发现：总体而言，依次列队辨认程序中的辨认准确性高于同步列队辨认程序。在美国、加拿大学者南希·斯台布雷（Nancy Steblay）、詹妮弗·代斯达特（Jennifer Dysart）等人的实验中，实验人员对4145名参与者进行了30项测试，结果显示：当拟辨认目标出现在队列中时，依次列队辨认程序中参与者的辨认准确率为35%，低于同步列队辨认程序中的50%；而当拟辨认目标不在队列中时，依次列队辨认程序中的准确率为72%，高于同步列队辨认程序中的49%；就总体结果而言，依次列队辨认程序中的准确率为56%，而同步列队辨认程序中的准确率为48%。[②]

**（三）列队辨认程序中犯罪嫌疑人的权利**

如前所述，在英美法系，基于控辩双方平等的当事人地位，一般情况下，警方不得强制向犯罪嫌疑人取证，因而在英、澳等国，犯罪嫌疑人享有拒绝参加辨认的权利。而一旦进入辨认程序，犯罪嫌疑人同样被赋予多项程序性权利，以保障其合法权益。具体到列队辨认程序中，犯罪嫌疑人的权利主要包括：

第一，辨认程序的知情权。在英国，参加辨认程序的犯罪嫌疑人享有广泛的知情权，且贯穿整个辨认程序的始终。与之对应，对于犯罪嫌疑人有权知悉的内容，警方也负有告知或提供相关信息的义务。根据《1984年警察与刑事证据法》之《守则D》附件B第3条规定，在列队辨认开始前，警方应向犯罪嫌疑人或其事务律师提供任何参与辨认的证

---

① See Innocence Project, “Eyewitness Identification Reform”, http://www.innocenceproject.org/Content/Eyewitness_Identification_Reform.php, 2015年1月24日。

② See Nancy Steblay, Jennifer Dysart, Solomon Fulero, R. C. L. Lindsay, “Eyewitness Accuracy Rates in Sequential and Simultaneous Lineup Presentations: A Meta-Analytic Comparison”, *Law and Human Behavior*, Vol. 25, No. 5, October 2001, pp. 459-473.

人关于犯罪嫌疑人的初次描述的具体细节。当警方已制作带有犯罪嫌疑人图像的广播电视节目或出版物，并且在条件可行以及不会延误侦查时，犯罪嫌疑人或其事务律师应被允许查看上述警方因辨认或追踪犯罪嫌疑人而向媒体发布的资料。根据第 6 条的规定，在列队辨认开始前，警方还应及时告知犯罪嫌疑人辨认程序的操作流程及注意事项。①而在辨认结束后，如果证人已作出肯定的辨认，警方应将该结果告知犯罪嫌疑人，或其在场的事务律师、翻译人员或朋友。同时，为了使犯罪嫌疑人或其律师全面了解辨认程序的全过程，根据第 23 条的规定，对于列队辨认的全过程，警方应通过视频或彩色照片予以记录，并在合理时间内提供给犯罪嫌疑人或其事务律师。②在澳大利亚，《1914 年犯罪法》第 3ZM 条也作出类似规定，负责辨认程序的警官必须采取视频或照片等方式记录辨认的全过程，并尽可能快地向犯罪嫌疑人或其律师提供。

第二，律师等人的在场权。在英美法系国家，为了防止辨认程序中警察的暗示、诱导等不当操作而导致犯罪嫌疑人被错误辨认，英、美、澳等国家均赋予了犯罪嫌疑人其律师或朋友等人的在场权，以通过律师等人的参与来监督、规范警方在辨认程序中的操作行为。在英国，根据《1984 年警察与刑事证据法》之《守则 D》附件 B 第 1、2 条规定，警方应给予犯罪嫌疑人合理的机会使其一名事务律师或朋友在场。列队辨认程序可以在一间普通的房间内进行，也可以在安装有单向可视屏幕的房间内进行。而后者的前提条件之一便是犯罪嫌疑人的事务律师、朋友或者合适成年人在场。③在澳大利亚，《1914 年犯罪法》第 3ZM 条第 6 款中规定，“在列队辨认的过程中，犯罪嫌疑人有权让一名辩护律师或选择其他的人在场……”。同时，第 3ZN 条第 5 款规定，“对不满 18 岁或无行为能力的犯罪嫌疑人进行列队辨认，必须有其父母或监护人在场；如果犯罪嫌疑人不接受父母或其监护人在场，则应在犯罪嫌疑人同意的前提下，

---

① See Code D, Annex B, 3, 6, “Police and Criminal Evidence Act 1984 (PACE)”, 2011 Version, https://www.gov.uk/government/publications/pace-code-d-2011, 2015 年 5 月 18 日。

② See Code D, Annex B, 20, 23, “Police and Criminal Evidence Act 1984 (PACE)”, 2011 Version, https://www.gov.uk/government/publications/pace-code-d-2011, 2015 年 5 月 18 日。

③ See Code D, Annex B, 1, 2, “Police and Criminal Evidence Act 1984 (PACE)”, 2011 Version, https://www.gov.uk/government/publications/pace-code-d-2011, 2015 年 5 月 18 日。

由一位能够代表犯罪嫌疑人利益的人在场”。[①] 在美国，联邦最高法院在1967年合众国诉韦德（*United States v. Wade*）案中便确立了审前辨认程序中的律师在场权。在该案中，联邦最高法院的多数法官认为，在因错误辨认而导致的错案中，一项重要原因是控方在审前辨认程序中向证人进行了暗示。因此，为了降低错误定罪的风险，被告人在审前辨认程序中应享有宪法第六修正案所赋予的律师帮助权。……起诉后的列队辨认是被告人享有律师帮助权的关键阶段，除了其自动放弃该宪法权利外，针对他的辨认证言将不具有可采性。[②]

第三，队列中的位置选择权。为了防止辨认程序的主持者提前安排犯罪嫌疑人的位置并暗示辨认人作出辨认，在英美法系的一些国家，还赋予了犯罪嫌疑人在队列中的位置选择权。在英国，《1984年警察与刑事证据法》之《守则D》附件B第13条规定，犯罪嫌疑人可以选择其在队列中的位置，但不得妨碍队列的秩序。当超过一名证人进行辨认时，在每一名证人离开房间后，犯罪嫌疑人可以改变自己在队列中的位置。[③]在澳大利亚，《1914年犯罪法》第3ZM条第6款同样作出类似规定，犯罪嫌疑人可以根据自己的意愿选择在队列中的位置；同时，当超过一名证人对其进行辨认时，犯罪嫌疑人可以在每一次辨认后改变自己的位置。[④]

此外，在英国，犯罪嫌疑人在辨认程序中还享有提出异议的权利，即对于警方关于列队程序的安排或者其他参与人等事项，犯罪嫌疑人有权提出异议。对于其有合理根据的异议，警方应采取措施予以改正。根据《1984年警察与刑事证据法》之《守则D》附件B第12条的规定，当犯罪嫌疑人被带至列队辨认场所时，警方应询问其是否有任何关于辨认程序安排或其他参与者相关事宜的异议并陈述异议的理由。在列队辨认进行之前，如果犯罪嫌疑人的事务律师或朋友在场，犯罪嫌疑人还可以向他们征求意

---

① See Section 3ZM, 3ZN, “Crimes Act 1914”, http://www.comlaw.gov.au/Series/C1914A00012, 2015年4月24日。

② See *United States v. Wade*, 388 U.S. 218 (1967).

③ See Code D, Annex B, 13, “Police and Criminal Evidence Act 1984 (PACE)”, 2011 Version, https://www.gov.uk/government/publications/pace-code-d-2011, 2015年5月18日。

④ Section 3ZM, “Crimes Act 1914”, http://www.comlaw.gov.au/Series/C1914A00012, 2015年4月24日。

见。如果犯罪嫌疑人的异议合理，警方需要采取可行的措施消除异议所涉事项。当无法消除异议时，警方应向犯罪嫌疑人说明原因。[①]

## 二、照片辨认程序

照片辨认程序是指在辨认主持者的主导下，向辨认人出示若干张犯罪嫌疑人与其他陪衬人员的照片，由辨认人进行辨认的程序。从各国立法及司法实践中看，照片辨认是各国主要采取的另一种辨认形式。

### （一）照片辨认程序的适用条件

在照片辨认程序的适用问题上，大陆法系国家立法中并未明确其具体适用条件，在司法实践中，其与适用列队辨认程序的主要差异在于警方是否已羁押或已掌握特定的犯罪嫌疑人，从此点来说，照片辨认程序的功能还包括寻找犯罪嫌疑人。而在英美法系的一些国家，照片辨认程序有着较为严格的适用条件，其主要原因是辨认人无法直接观察犯罪嫌疑人，难以从整体上对队列成员进行比较，而犯罪嫌疑人的声音、习惯性动作等细节也无法从照片中获知，因而照片辨认的准确性得不到有效保证。在澳大利亚，《1914 年犯罪法》第 3ZO 条第 1 款规定，当犯罪嫌疑人拒绝参加列队辨认时；或者犯罪发生后犯罪嫌疑人的相貌发生显著改变；或者适用列队辨认程序对犯罪嫌疑人不公平以及其他不合理的条件下，警方应适用照片辨认程序。[②]在英国，根据《1984 年警察与刑事证据法》之《守则 D》第 3 节第 3 条规定，适用照片辨认程序的一般条件是警方尚不清楚犯罪嫌疑人的身份，在此情形下，警方可以向证人出示照片以确定犯罪嫌疑人的身份。[③]并且，当证人在照片辨认程序中作出肯定的辨认时，还应参加犯罪嫌疑人归案后的列队辨认或视频辨认等程序。

### （二）照片辨认程序中的具体要求

与列队辨认程序类似，照片辨认程序的设置同样应遵循辨认程序的

---

① See Code D, Annex B, 12, "Police and Criminal Evidence Act 1984 (PACE)", 2011 Version, https://www.gov.uk/government/publications/pace－code－d－2011, 2015 年 5 月 18 日。

② See Section 3ZO, "Crimes Act 1914", http://www.comlaw.gov.au/Series/C1914A00012, 2015 年 4 月 24 日。

③ See Code D, 3.3, "Police and Criminal Evidence Act 1984 (PACE)", 2011 Version, https://www.gov.uk/government/publications/pace－code－d－2011, 2015 年 5 月 18 日。

一般规则。同时，在英美法系的一些国家，相关法律同样规定了照片辨认程序中的具体要求。

第一，对程序主持者的要求。在英国，照片辨认程序必须由警长以上级别的警察进行监督和指导。在辨认开始前，负责监督的警察必须确认证人已经作出关于犯罪嫌疑人的初次描述。如果不能确认该份描述已被记录，则应推迟照片辨认程序。同时，警方应在出示照片前告知证人这些照片中可能有、也可能没有其之前所见到的犯罪嫌疑人。在辨认过程中，应给予证人足够的隐私空间查看照片，且不得提示或引导其作出选择，以确保证人在没有外界帮助的情况下作出选择；当证人作出选择但无法确定的时候，警方应询问其作出选择的确信程度。辨认结束后，警方同样需要记录辨认程序的全过程，包括证人所说的任何内容；同时，负责监督的警察还应对记录进行审查并签字。此外，警方不得销毁已出示的照片，并在审判程序中提交至法庭。①

第二，对辨认人的要求。在英国，目击证人在照片辨认程序中同样需要遵循单独辨认规则，且不得同其他证人进行交流。同时，只有当其查看一定数量的照片后，才能做出是否辨认出犯罪嫌疑人的决定。对于作出肯定辨认的辨认人，应参加随后举行的视频辨认、列队辨认或群体辨认。②

第三，对犯罪嫌疑人及陪衬人员照片的要求。在照片辨认程序中，对于程序主持者所出示的照片，同样应遵循混杂辨认规则。一方面，在照片数量上，各国对此的具体要求不尽相同。在俄罗斯，《俄罗斯联邦刑事诉讼法典》第 193 条第 5 款规定，照片的数量不得少于 3 张。在澳大利亚，《1914 年犯罪法》第 3ZO 条第 2 款中规定为不得少于 9 位不同成员的照片或画像。③在英国，《1984 年警察与刑事证据法》之《守则 D》附件 E 第

① See Code D, Annex E, 1, 2, 5, 7, 10, 12, "Police and Criminal Evidence Act 1984 (PACE)", 2011 Version, https://www.gov.uk/government/publications/pace-code-d-2011, 2015 年 5 月 18 日。

② See Code D, Annex E, 3, 6, "Police and Criminal Evidence Act 1984 (PACE)", 2011 Version, https://www.gov.uk/government/publications/pace-code-d-2011, 2015 年 5 月 18 日。

③ See Section 3ZO, "Crimes Act 1914", http://www.comlaw.gov.au/Series/C1914A00012, 2015 年 4 月 24 日。

4条规定，“每次辨认时，至少应向证人出示12张照片”。[①]在美国，美国律师协会在其《关于促进目击证人准确辨认的最佳做法的声明》中并未明确照片的数量，而是要求“应当使用足够数量的陪衬者，以降低辨认人通过猜测作出选择的风险”。[②]在各州，对于照片数量的要求也各有不同。例如，在新泽西州，检察总长办公室发布的《照片及列队辨认程序准确与操作指南》中规定，除犯罪嫌疑人外，至少还应包括5位陪衬人员的照片。[③]另一方面，在照片内容的要求上，一些国家也作出具体规定。例如，在澳大利亚，照片中的陪衬人员须在年龄、相貌上与犯罪嫌疑人相似，并且，照片或画像中不得有明显区别犯罪嫌疑人的特征；照片或画像不得有暗示某人已被羁押，如身着囚服或以羁押场所为背景。[④]

**（三）照片辨认程序中的犯罪嫌疑人权利**

如前所述，由于照片辨认效果的局限性，一般仅在尚未羁押犯罪嫌疑人或尚未掌握其相关身份信息的条件下，才会适用照片辨认程序，因而在英美法系主要国家，并未规定犯罪嫌疑人在照片辨认程序中的权利。而在澳大利亚，即使犯罪嫌疑人已被羁押，仍可能适用照片辨认程序，因而在立法上同样赋予其一定的知情权。根据澳大利亚《1914年犯罪法》第3ZO条第2款的规定，对于警方在照片辨认程序中出示的照片或画像，犯罪嫌疑人或其律师有权申请审查这些照片或画像；同时，对于警方在照片辨认程序中所做的辨认记录，犯罪嫌疑人或其律师也有权得到该记录的复印件。此外，根据《1914年犯罪法》第3ZO条第6款的规定，在犯罪嫌疑人未知的照片辨认程序中，证人通过辨认合成画像或其他类似画像而指认某人，且该人被予以追诉，则警方同样应向该被指认的人或其律师提供证人所辨认的合成画像，以及证人在观察这些画像时

---

① See Code D, Annex E, 4, "Police and Criminal Evidence Act 1984 (PACE)", 2011 Version, https://www.gov.uk/government/publications/pace－code－d－2011, 2015年5月18日。

② See "American Bar Association Statement of Best Practices for Promoting the Accuracy of Eyewitness Identification Procedures", http://apps.americanbar.org/dch/thedl.cfm%3Ffilename%3D/CR209700/relatedresources/ABAEyewitnessIDrecommendations.pdf, 2015年4月25日。

③ See Attorney General Guidelines for Preparing and Conducting Photo and Live Lineup Identification Procedures, State of New Jersey.

④ See Section 3ZO, "Crimes Act 1914", http://www.comlaw.gov.au/Series/C1914A00012, 2015年4月24日。

的看法。①

## 三、其他辨认程序

在英国，除各国普遍采用的列队辨认程序与照片辨认程序外，《1984年警察与刑事证据法》之《守则D》还规定了其他几种程序。其中，视频辨认程序、群体辨认程序已成为与列队辨认程序一样的常规辨认程序。同时，针对不同的具体情形，在实践中，英国警方还会采用街头辨认程序与对质辨认程序。

### （一）视频辨认程序

在英国，根据《1984年警察与刑事证据法》之《守则D》第3节第5条规定，视频辨认是指向证人播放已知悉的犯罪嫌疑人的动态图像以及其他与犯罪嫌疑人相似的陪衬人员的类似图像。

1. 视频辨认程序的适用条件

根据《1984年警察与刑事证据法》之《守则D》第3节的相关规定，视频辨认程序的适用条件主要包括：其一，警方已获悉相关犯罪嫌疑人，但其本人不适合参加，如犯罪嫌疑人不愿在列队辨认程序中积极配合（第3节第21条）；其二，根据辨认人的数量、健康状况、地域限制等因素，负责组织辨认的警官与负责案件调查的警官可协商决定适用视频辨认程序以代替列队辨认程序（第3节第14条）；其三，当警方能够更快地安排并完成视频辨认程序时，同样可以其代替列队辨认程序（第14条）；其四，根据第3节第12条、14条的规定，在正式辨认前，当证人声称已认出或有能力辨认出犯罪嫌疑人时，警方应优先适用视频辨认程序。②

2. 视频辨认程序中的具体要求

作为一种以视频图像为载体的新型辨认程序，在遵循辨认程序一般规则的基础上，《1984年警察与刑事证据法》之《守则D》附件A还对

① See Section 3ZO,"Crimes Act 1914",http://www.comlaw.gov.au/Series/C1914A00012,2015年4月24日。

② 根据《1984年警察与刑事证据法》之《守则D》第3节第14条的规定，优先适用视频辨认程序的例外情形包括：(a)视频辨认不可行；(b)列队辨认程序可行，且比视频辨认程序更适宜操作；(c)群体辨认程序比前述两种程序更可行。

警方、辨认人以及视频图像提出了具体要求。

第一，对程序主持者的要求。在英国，视频辨认程序同样由不直接参与办案的辨认警官负责。在向证人播放视频前，辨认警官不得与证人讨论关于视频图像的内容，且不得告知证人其之前的证人是否已作出肯定的辨认。同时，也应告知证人视频图像中可能有、也可能没有其之前所见到的犯罪嫌疑人。在视频播放过程中，辨认警官不得对证人提示犯罪嫌疑人的身份。辨认结束后，辨认警官还要询问证人是否在辨认前看过有关犯罪嫌疑人的电视公告、出版物或照片等。同时，对于视频辨认的全过程，包括证人所说的任何内容均应予以记录。[①]

第二，对辨认人的要求。对于参加视频辨认的证人，同样应遵循单独辨认规则，由每名证人单独进行辨认。在辨认开始前，证人之间不得讨论任何关于案情或视频图像的内容；在观看视频图像的过程中，证人可以要求查看视频的某一部分或将画面定格以便仔细观察。同时，证人必须在至少两次观看完整视频图像后，才能作出判断。当证人作出辨认后，仍须再次观看所作辨认的图像并予以确认。

第三，对视频图像的要求。首先，对于视频图像本身，根据《1984年警察与刑事证据法》之《守则 D》第 3 节第 5 条规定，一般情况下，应使用动态图像，只有当犯罪嫌疑人拒绝参加视频辨认、列队辨认或群体辨认，或者辨认警官无法在陪衬人员身上模仿犯罪嫌疑人的身体特征或无法掩饰这一特征等情形下，才可使用犯罪嫌疑人及其他人员的静态图像。其次，对于陪衬人员的设置，《1984 年警察与刑事证据法》之《守则 D》附件 A 同样规定需至少 8 名陪衬人员，且在年龄、相貌等方面与犯罪嫌疑人相似。同时，当犯罪嫌疑人具有不常见的身体特征，如面部疤痕、文身等，警方应将该位置掩饰，或将这一特征复制到陪衬人员身上的同一位置。如果证人已描述出这一特征，则应选择在陪衬人员身上进行复制。此外，在视频图像中，陪衬人员应与犯罪嫌疑人保持统一姿势，或作出相同的动作。[②]

---

① See Code D, Annex A, 1, 10, 11, 13, 14, 18, "Police and Criminal Evidence Act 1984 (PACE)", 2011 Version, https://www.gov.uk/government/publications/pace-code-d-2011, 2015 年 5 月 18 日。

② See Code D, Annex A, 2, 2A, "Police and Criminal Evidence Act 1984 (PACE)", 2011 Version, https://www.gov.uk/government/publications/pace-code-d-2011, 2015 年 5 月 18 日。

3. 视频辨认程序中的犯罪嫌疑人权利

在视频辨认程序中，犯罪嫌疑人的权利主要包括两项：

其一，辨认程序的知情权与异议权。根据《1984年警察与刑事证据法》之《守则D》附件A第7条的规定，在证人观看视频图像前，犯罪嫌疑人或其事务律师、朋友，或者未成年犯罪嫌疑人的合适成年人，有权查看完整的视频图像。对于图像或者其中的陪衬人员有异议的，犯罪嫌疑人有权提出异议并说明理由。对此，如果理由成立，警方应采取相应措施消除有异议的地方；如果警方无法消除，应将原因告知犯罪嫌疑人或其律师并予以记录。同时，根据第8条的规定，在证人观看视频图像前，犯罪嫌疑人或其事务律师有权查看参加视频辨认程序的证人对犯罪嫌疑人所作的初次描述。此外，如果警方在辨认程序前通过电视公告或出版物向媒体发布犯罪嫌疑人的图像等资料，犯罪嫌疑人或其律师同样有权查看上述资料，但不得不合理地拖延侦查活动。①

其二，律师的在场权。尽管视频辨认程序中犯罪嫌疑人无须到场，但为了确保程序的规范操作并监督警方的操作行为，《1984年警察与刑事证据法》之《守则D》附件A第9条规定了犯罪嫌疑人的事务律师的在场权，即在辨认程序开始前，警方应将进行辨认的时间、地点合理地通知犯罪嫌疑人的事务律师，以便其代表犯罪嫌疑人参加视频辨认程序。如果事务律师没有在场，警方应通过视频记录辨认的全过程。②

**（二）群体辨认程序**

群体辨认程序是指由证人对一个由犯罪嫌疑人及其他不特定个体组成的非正式群体进行辨认的程序。相比列队辨认程序，群体辨认程序的主要差别在于辨认地点以及陪衬人员的不特定性。因而，《1984年警察与刑事证据法》之《守则D》附件C的主要目的在于确保群体辨认程序能够遵循列队辨认的规则与程序，以使犯罪嫌疑人能够得到公平对待。在司法实践中，只有在当警方认为群体辨认程序具有可操作性，且比视频辨认、列队辨认更适合的条件下，才能优先适用该程序。就群体辨认程序

---

① See Code D, Annex A, 7, 8, "Police and Criminal Evidence Act 1984 (PACE)", 2011 Version, https://www.gov.uk/government/publications/pace-code-d-2011, 2015年5月18日。

② See Code D, Annex A, 9, "Police and Criminal Evidence Act 1984 (PACE)", 2011 Version, https://www.gov.uk/government/publications/pace-code-d-2011, 2015年5月18日。

而言，其主要特点包括：①

第一，辨认地点的要求。根据《1984 年警察与刑事证据法》之《守则 D》附件 C 的规定，群体辨认程序的地点由辨认警官决定，其依据是在所选择的地点，不特定的人群应处于随意穿行的状态，如下电梯的人群、购物中心的行人，或者人群处于相对静止的等待状态，如火车站、公交车站的人群，从而使得犯罪嫌疑人能够融入人群之中，并且确保证人能够同时看见犯罪嫌疑人与人群中的其他人。如果群体辨认程序处于秘密进行的状态，辨认警官应考虑所选地点能够发现犯罪嫌疑人以及当时的人群数量，在此情形下，应优先考虑犯罪嫌疑人日常的交通路线，如犯罪嫌疑人经常乘车的公交车站或火车站等。

第二，对辨认群体的要求。由于所选地点的人群无法控制，对于辨认群体，《1984 年警察与刑事证据法》之《守则 D》附件 C 并不要求辨认群体中的其他成员在年龄、性别、种族等方面与犯罪嫌疑人相似，而仅要求辨认警官在选择地点时，应合理地期待该处经过的人群中有一定数量的人在相貌上与犯罪嫌疑人大致相似。

第三，对犯罪嫌疑人的要求。在人群中，犯罪嫌疑人可以摆出任何姿势，同时，当不止一名证人进行辨认时，其也可以在每次辨认过程中改变自己的姿势。但是，犯罪嫌疑人不得不合理地拖延融入人群中，或者融入人群后有意地隐藏自己使得证人无法观察，这些行为将被视为对群体辨认程序的拒绝。此外，在没有取得犯罪嫌疑人同意而秘密进行的群体辨认程序中，犯罪嫌疑人无权要求其事务律师、朋友或合适成年人在场观察辨认的全过程；同时，当拒绝参加群体辨认程序的犯罪嫌疑人为多人时，辨认警官可让证人同时对这些犯罪嫌疑人进行群体辨认。

**（三）对质辨认程序**

对质辨认程序是指在警察的带领下，由证人直接当面对犯罪嫌疑人进行辨认的程序，也可称之为一对一辨认程序。由于对质辨认程序明显违背了辨认程序一般规则中的混杂辨认规则，因此，英国《1984 年警察与刑事证据法》之《守则 D》对警方适用对质辨认程序限定了严格的适用条件，即当视频辨认程序、列队辨认程序与群体辨认程序均不具有可

---

① See Code D, Annex C, "Police and Criminal Evidence Act 1984 (PACE)", 2011 Version, https://www.gov.uk/government/publications/pace-code-d-2011, 2015 年 5 月 18 日。

行性时，警方才得以适用对质辨认程序；并且，对质辨认程序无须犯罪嫌疑人的同意。

一方面，在对质辨认程序开始前，警方应向犯罪嫌疑人或其事务律师提供参加辨认的证人对犯罪嫌疑人所作的初次描述，同时，在不拖延侦查的前提下，还要向其提供警方通过电视公告或出版物向媒体发布的任何关于犯罪嫌疑人的资料。另一方面，警方同样要告知证人，将要与其对质的人可能是、也可能不是犯罪嫌疑人；如果不是，证人应如实说明。

鉴于证人可能被一对一辨认形式所暗示的风险，在对质辨认程序中，除非造成不必要的拖延，否则必须有犯罪嫌疑人的事务律师、翻译或朋友在场才可以进行。同时，在存在多名证人的对质辨认程序中，证人同样需要单独对犯罪嫌疑人进行辨认。此外，对质辨认程序通常应该在警察局内进行，当使用单向透视屏幕的房间时，犯罪嫌疑人的事务律师、朋友或合适成年人必须在场，或者警方通过录像记录全过程。

在辨认结束时，如果证人作出辨认但无法确认，警方应询问证人对于自己所作辨认的确信程度。同时，还应询问证人在辨认前是否已见过任何关于犯罪嫌疑人的电视公告、出版物或照片等。[①]

**（四）街头辨认程序**

街头辨认程序是一种非正式的辨认程序，是指在犯罪嫌疑人身份不明的案件下，由警方将证人带至某一特定的区域或地点，看其是否能够辨认出犯罪嫌疑人。其主要功能便在于发现犯罪嫌疑人。与其他辨认程序不同，街头辨认程序可以由办案警官或警员陪同证人进行，例如，案发后不久，到达犯罪现场的警察可直接带证人在附近辨认犯罪嫌疑人。对于负责街头辨认的警察，《1984 年警察与刑事证据法》之《守则 D》第 3 节第 2 条作出如下要求：（a）如果可行，应在要求证人辨认前，记录其对犯罪嫌疑人的描述。（b）非在不可避免的情况下，不得指示证人注意观察某人；但是，这不意味着不得要求证人仔细观察当时在场的某一群人或某一特定方向的人群；如果必须，须确保证人不会因观察相反方向而遗漏某一可能的犯罪嫌疑人；同时，还要确保证人能够对该区域的人群与犯罪嫌疑人进行比较。（c）当超过一名证人时，应尽可能将其

---

① See Code D, Annex D, "Police and Criminal Evidence Act 1984 (PACE)", 2011 Version, https://www.gov.uk/government/publications/pace-code-d-2011, 2015 年 5 月 18 日。

分开，并确保证人能够独立地作出辨认。（d）在一名证人作出肯定的辨认后，如果有足够的信息对该名犯罪嫌疑人予以逮捕，则其他证人将不再进行街头辨认，而参加后续的正式辨认程序。（e）陪同证人进行辨认的警官或警员，应尽快尽可能详尽地记录街头辨认的过程，包括街头辨认的现场条件，如证人作出辨认时与犯罪嫌疑人的距离、现场天气、光线等因素。[①]

## 第三节　对其他对象的辨认程序

如前所述，在大陆法系的一些国家，除去对犯罪嫌疑人的辨认外，还包括对与犯罪有关的物品、尸体等对象的辨认。从程序上看，对这些对象的辨认程序同样应遵循辨认程序的一般规则，如事先询问规则、事先告知规则、单独辨认规则等；同时，依据此类对象的不同特征或属性，在设置上又有其不同之处。在此，笔者仅对较为典型的辨认程序进行论述：对物品的辨认程序与对尸体的辨认程序。

### 一、对物品的辨认程序

在俄罗斯、意大利等国，相关刑事诉讼法律均规定了对与犯罪有关的物品的辨认，但在程序设置上同样未作具体规定，而是参照对犯罪嫌疑人的辨认程序中所遵循的辨认规则，明确了对物品等客体的辨认程序的规则要求。其主要程序流程为：在辨认程序开始前，警察或法官应遵循事先询问规则，对辨认人进行询问，主要内容为物品的特征以及辨认人看见物品时的情形等。在辨认程序进行的过程中，警察或法官应遵循禁止暗示规则，不得对辨认人予以暗示，或提出诱导性的问题。同时，辨认人同样应单独对物品进行辨认。在客体设置上，依据混杂辨认规则，

---

① See Code D,3. 2,“Police and Criminal Evidence Act 1984 (PACE)”,2011 Version,https://www.gov.uk/government/publications/pace-code-d-2011,2015年5月18日。

应准备若干与需加以辨认物品相似的陪衬物，供辨认人辨认。[①]在辨认程序结束时，警察或法官须全面记录辨认的整个过程。

需要指出的是，由于刑事辨认在本质上是一种同一认定的过程，因此，在适用对物品的辨认程序时，不仅需要考虑物品是否符合适用程序的实体条件，还要考虑其自身所具有的特征，才能决定是否对物品适用辨认程序。

首先，从程序适用的实体条件来说。如前所述，适用辨认程序的实体条件包括两项内容，一是拟通过辨认而查明的事实是与犯罪有内在关联的事实，二是适用辨认所依据的特定事实根据。就对物品的辨认程序而言，其实体条件应为：其一，拟辨认的物品与犯罪有关，如犯罪工具；其二，适用辨认程序的特定事实根据，如在犯罪现场发现的物品，或者在犯罪嫌疑人住处找到的符合被害人描述的物品。与对犯罪嫌疑人的辨认程序类似，对于适用对物品的辨认程序的实体条件，俄罗斯、意大利等国同样仅规定了前一项内容，即“与犯罪有关”，但对于其特定事实根据并未作出规定。对此，笔者认为，一方面，由于犯罪形式的多样性，每一个具体案件中的具体情形不尽相同，在立法上很难明确规定对物品进行辨认的特定事实根据；另一方面，即使作出规定，在具体案件中，仍难以实现辨认的目的——同一认定。例如，在犯罪嫌疑人住处找到一把匕首，且所造成的伤口与被害人身上的伤口相吻合，但匕首上没有被害人的血迹。此时，即使被害人通过辨认而指认此匕首为作案凶器，也无法从根本上认定该匕首就是本案中的作案凶器，甚至有可能犯罪嫌疑人与真凶均拥有一把同款匕首。因此，对物品是否适用辨认程序，并不能仅依据与犯罪事实有关的实体条件，还要考虑物品自身所具有的特征。

其次，从物品所具有的特征来说。就辨认对象的属性而言，在一般情况下，人类个体均具有唯一性，即使同卵双胞胎，在相貌上仍会存在差别，同时，因其内在性格等因素的不同，使得个体之间的言行也会表现出差异，因而在依靠人的感官记忆而进行的刑事辨认中，可以通过辨认进行同一认定。然而，与人类个体不同，在一般情况下，物品本身并

① 在俄罗斯，根据《俄罗斯联邦刑事诉讼法典》第193条第6款规定，对物品的辨认也可以采取照片辨认的形式，在客体设置时，则要求拟辨认物品与同类陪衬物品的照片数量不少于3张。参见《俄罗斯联邦刑事诉讼法典》，黄道秀译，中国人民公安大学出版社2006年版，第178页。

不具有唯一性，或者说不具有排他性特征。例如，前文所说的作为作案凶器的匕首，在市场上同款匕首通常不只有一把，仅依靠人类个体的认知、记忆难以作出，甚至无法作出同一认定，需要依靠科技手段才能进行认定。从一定意义上讲，作为作案凶器的匕首具有唯一性，但是其唯一性所表现的形式可能是附着其上的凶犯指纹、被害人血迹等，这些唯一性特征很难被个体有效感知，个体感知的更多的还是匕首的外形特征。这就需要借助科技手段对指纹进行提取、比对，对被害人血迹进行鉴定等，从而认定该匕首是否是作案凶器。当然，也有一些物品确实具有唯一性，如带有特殊标记的匕首，或者是手工制作且造型独特的匕首，对于这些带有特殊特征的物品，则可以通过辨认进行同一认定。因此，在决定是否对某一物品进行辨认时，还需要考虑其自身是否具有可以通过人类感官所能认知的独有特征，否则，即使对其进行了辨认，也无法有效保证其同一认定的有效性。

## 二、对尸体的辨认程序

在大陆法系的德国、俄罗斯，刑事诉讼法还规定了对尸体的辨认。在俄罗斯，《俄罗斯联邦刑事诉讼法典》第 193 条第 4 款将对尸体的辨认纳入对人的辨认范围之中，其辨认程序也主要遵循对犯罪嫌疑人的辨认程序中的一般规则。唯一不同的是，对尸体的辨认程序不适用混杂辨认规则，而直接由辨认人对单一尸体进行辨认。[①]在德国，《德国刑事诉讼法典》第 88 条同样规定，在解剖尸体之前，应通过询问认识死者的人辨认死者，除非有特别的障碍。同时，该条还规定，在解剖尸体前，如果已有特定的被指控人，也应当向其显示尸体以供辨认。[②]关于“特别的障碍”，笔者认为，其主要是指尸体本身是否具有可辨识性，因为尸体暴露在自然条件下容易腐烂，尤其当长时间暴露时，尸体本身已难以仅凭感官认知进行识别，因而无法适用辨认程序。

---

① 参见《俄罗斯联邦刑事诉讼法典》，黄道秀译，中国人民公安大学出版社 2006 年版，第 178 页。

② 参见宗玉琨译注：《德国刑事诉讼法典》，知识产权出版社 2013 年版，第 49 页。

# 第四章　刑事辨认证据论

## 第一节　刑事辨认证据概述

### 一、刑事辨认证据的内容

如前所述，刑事辨认的目的性价值是其定案价值：通过刑事辨认程序，警察或检察官得以收集认定案件事实的证据。从其内容上看，主要指辨认人对犯罪嫌疑人或者与犯罪有关的物品等客体所作出的肯定的辨认结果，即所辨认的犯罪嫌疑人是犯罪行为的实施者，或者某一物品确与犯罪有关，如作案工具等。关于刑事辨认证据的内容，《澳大利亚联邦证据法》也作出类似规定："辨认证据是指关于下列主张的证据：（a）某人完全或者部分根据其在犯罪和行为发生的地点和时间所见、所听或者以其他方式进行的感知作出的，被告是或者像（在视觉、听觉或者其他方面）在犯罪和行为发生时出现在下列地点或者在该地点附近的人员的主张：（1）被告正在被检控的犯罪的实施地；或者（2）与该犯罪有关的行为的发生地；该主张可采用书面或者口头报告的形式。"[①]

除有关辨认结果的证据外，在英美法系的一些国家，警方在辨认程序中还会收集一些程序性证据，如在英国，关于犯罪嫌疑人拒绝参加辨认程序的书面记录也将作为证据提交至法庭。[②]澳大利亚《1914 年犯罪

---

① 《澳大利亚联邦证据法》，王进喜译，中国法制出版社 2013 年版，第 335—336 页。

② See Code D, 3. 15, 3. 17, "Police and Criminal Evidence Act 1984 (PACE)", 2011 Version, https://www.gov.uk/government/publications/pace-code-d-2011, 2015 年 5 月 18 日。

法》第3ZM条第3款同样规定，犯罪嫌疑人拒绝参加列队辨认的记录可在随后的诉讼程序中作为证据，以解释没有举行列队辨认程序的原因。[①]同时，在辨认程序中所用到的辨认样本，如照片、物品等，同样会在庭审中作为证据提交至法庭。例如，在英国，用以进行身份辨认的照片可作为物证在法庭上由证人进行辨认，甚至直接由陪审团进行辨认。[②]从广义上讲，上述庭审中所提交的证据均是与刑事辨认有关的证据。

需要指出的是，在刑事辨认程序中，根据全面记录规则，程序的组织者应对辨认过程进行全面记录，且同样要提交至法庭。对此，笔者认为，关于辨认过程的记录，不管是视频、照片还是书面记录，均是对辨认结果的印证或佐证，其作用在于帮助法庭对辨认结果的证据能力的审查及其证明力的评价。就证明对象的范畴而言，作为证据的辨认结果并不属于证明对象，[③]因而从严格意义上讲，关于辨认过程的记录并不是认定案件事实的证据。与之类似，前述关于辨认的程序性证据，其证明对象是辨认程序中的程序事实，而非与案件本身有关的实体事实。因此，在刑事审判中，刑事辨认证据应仅指旨在认定案件事实的辨认结果，即辨认人对犯罪嫌疑人或与犯罪有关的物品等客体所作出的肯定的辨认结果。

---

① See Section 3ZM,"Crimes Act 1914",http://www.comlaw.gov.au/Series/C1914A00012,2015年4月24日。

② 在英国,用以证明犯罪嫌疑人身份的照片可作为物证提交至法庭,具体包括两种情况:一种情况是将一张照片出示给证人,由证人辨认照片中的人物身份,另一种情况是请陪审团来做身份辨别。在Dodson案中,上诉法院没有阻止陪审团将被告席中的人与所出示的照片进行比较。法院认为这些照片被采纳为证据是正确的。参见[英]理查德·梅:《刑事证据》,王丽、李贵方等译,法律出版社2007年版,第20页。

③ 关于证据是否属于证明对象,学界主要有"肯定说""折中说""否定说"。其中,持"否定说"的学者认为,证据是证明案件事实的根据,如果说证据事实也是证明对象,那么证据就不仅是证明案件事实的根据,也是证明证据事实的根据,这就会导致自我循环。参见何家弘、刘品新:《证据法学》,法律出版社2013年版,第197页。还有学者认为,证明对象与证据之间是目的与手段的关系。证明对象是由证据事实来探知、认识和推导的案件事实,证据是阐明或者查明案件事实的手段。二者之间存在明显的界限。虽然证据需要查证属实,但并非需要查明的所有事实均能成为证明对象。查证属实只是证据作为证明手段的资格要件,而不是其作为证明对象的充分条件。参见宋英辉、汤维建:《证据法学研究述评》,中国人民公安大学出版社2006年版,第295—296页。因此,就刑事辨认证据而言,关于辨认结果的证据才是认定案件事实的根据,而关于辨认过程的记录则是对辨认结果证据进行审查判断的根据,而不是认定案件事实的证据。

## 二、刑事辨认证据的形式

在各国立法及司法实践中，刑事辨认证据主要以两种形式呈现在法庭之上：第一种形式为载有辨认结果的记录。在大陆法系国家，一般采用辨认笔录的书面记录方式；而在英美法系国家，庭审前的辨认结果还会通过录像、拍照等形式予以记录。例如，在英国，警方对列队辨认或群体辨认进行拍照或者录像。[①] 尤其是录像的方式，可以清楚、直观地记录列队辨认或群体辨认中的辨认对象、辨认场所以及辨认人进行辨认的全过程，从而便于法庭审查辨认对象设置是否合理、辨认场所光线如何、辨认人在进行辨认的过程中是否受到干扰等，进而对辨认证据的证据能力与证明力进行审查。

需要指出的是，不管是辨认笔录还是录像、拍照，其对辨认程序的记录既包括辨认结果也包括辨认过程，虽然两者均被提交至法庭，但如前所述，作为证据使用的是其辨认结果，而对辨认过程的记录则是法庭审查辨认结果证据的依据。就此而言，刑事辨认证据的另一种形式则实现了辨认过程与辨认结果的分离。第二种便是英美法系国家普遍采用的形式，即由辨认人在当庭辨认时以证言的形式将辨认结果告知法庭。

在大陆法系国家的庭审中，刑事辨认结果的证据形式为辨认笔录，即警察或者检察官在进行辨认的过程中，通过辨认笔录记录辨认人所作出的辨认结果，同时，对于辨认程序的操作、流程以及相关人员的陈述等内容的记录。例如，在意大利，《意大利刑事诉讼法典》第 213 条第 2 款规定，“在笔录中记入第 1 款规定的活动以及有关的陈述”，该法典第 214 条第 3 款还规定，“在笔录中记入辨认活动的进行方式……”。[②]在俄罗斯，《俄罗斯联邦刑事诉讼法典》第 166 条详细规定了侦查行为笔录的

---

① 在英国，录像可作为物证提交至法庭。在刑事辨认中，通过拍摄列队辨认或群体辨认的录像，有助于法庭对证人辨认时的实况有所了解。参见［英］理查德·梅：《刑事证据》，王丽、李贵方等译，法律出版社 2007 年版，第 32 页。

② 参见《意大利刑事诉讼法典》，黄风译，中国政法大学出版社 1994 年版，第 74—75 页。

方式及记载内容，[1]同时，该法典第 167 条还就相关人员拒绝在笔录中签字的行为作出相应规定。就刑事辨认笔录的具体内容，第 193 条第 9 款还规定，“在辨认结束后，应依照本法典第 166 条和第 167 条制作笔录。笔录中应该说明进行辨认的条件和结果并尽可能逐字逐句地叙述辨认人的解释。如果对人的辨认是在被辨认人看不见辨认人的条件中进行的，则在笔录中还应做相应的说明”。[2]

在英、美等英美法系国家，基于直接言词原则的要求，在审前辨认的基础上，辨认人还需要在法庭上进行庭审辨认，并以证言的形式告知法庭其辨认结果。在美国的刑事审判中，目击证人会被要求回答是否他在法庭上见到了那个实施犯罪的人。[3]在英国，在有过庭外辨认的基础上，证人同样应在法庭上再次对被告人进行辨认，但在一般情况下，证人不得在法庭上首次对被告人进行辨认。[4]同时，在英美等国，证据法上的传闻规则并不排除辨认人在法庭之外的先前辨认。美国联邦最高法院认为，“传闻规则并不阻止接受把证人在以前的某个场合如：警察局列队辨认中认出被告人是所指控犯罪的实施者这一事实作为实质性证据。事实上，

---

① 《俄罗斯联邦刑事诉讼法典》第 166 条规定：“1. 侦查行为的笔录应在侦查行为实施过程中制作或侦查行为终结后立即制作。2. 笔录可以手写或利用技术手段制作。在实施侦查行为时，还可以使用速记、照相、影片拍摄、录音和摄像。速记记录、照相底片和照片、电影胶片、录音带和录像带均在刑事案件的案卷中保存。3. 笔录中应该载明：(1)实施侦查行为的地点和日期，侦查行为开始和终结的时间(准确到分)。(2)笔录制作人的职务、姓、名和父称的第一个字母。(3)参加侦查行为的每个人的姓、名、父称，而在必要时写明他们的住址和其他个人情况。4. 笔录中应按侦查行为的实施顺序记述侦查行为的内容，在实施侦查行为时所发现的对于刑事案件有重大意义的情况，以及叙述参加侦查行为的人的声明。5. 笔录中还应该说明实施侦查行为所采取的技术手段、采用它们的条件和程序、被采取这些技术手段的客体以及得到的结果。笔录中应该指出，参加侦查行为的人已经事先被告知在实施侦查行为时将采取技术手段。6. 笔录应提交所有参加侦查行为的人了解。同时应向这些人说明他们有权在笔录中提出关于补充和修改笔录的意见。关于补充和修改笔录的意见均应由这些人签字予以说明和证明。7. 笔录应交由侦查员和参加侦查行为的人签字。”参见《俄罗斯联邦刑事诉讼法典》，黄道秀译，中国人民公安大学出版社 2006 年版，第 153—154 页。

② 参见《俄罗斯联邦刑事诉讼法典》，黄道秀译，中国人民公安大学出版社 2006 年版，第 178 页。

③ 参见[美]伟恩·R. 拉费弗等：《刑事诉讼法》(上册)，卞建林、沙丽金等译，中国政法大学出版社 2003 年版，第 415 页。

④ 参见[英]克里斯托弗·艾伦：《英国证据法实务》，王进喜译，中国法制出版社 2012 年版，第 220 页。

先前作出的辨认很可能被视为两次辨认中更重要的一个”。[①]对此，美国《联邦证据规则》第801条（d）款也明确规定，证人在庭外将某人辨认为之前曾感知的人的主张不属于“传闻”。[②]在英国，证人在庭外所作的辨认结果同样可以采纳为证据，其目的在于将证人在庭审中的辨认与庭外所作的辨认结合起来，表明证人所作辨认的一致性。[③]

## 第二节　刑事辨认证据的法庭审查

在刑事诉讼中，法庭在认定案件事实前需要对证据进行审查，其既包括对单一证据的审查，也包括对全案证据的综合审查。在本报告中，笔者拟集中论述法庭对刑事辨认证据的单一审查，具体包括刑事辨认证据的审查方式、刑事辨认证据能力的审查以及其证明力的审查。

### 一、刑事辨认证据的审查方式

就单一证据的审查而言，其内容包括两个方面：证据能力的审查与证明力的审查。由于各国诉讼模式的差异，在司法实践中，法庭对单一证据的审查机制可分为两种：证据能力与证明力的“分离审查”模式，以及二者的“融合审查”模式。[④]在“分离审查”模式中，法庭通常在庭

---

① 参见[美]伟恩·R.拉费弗等:《刑事诉讼法》(上册),卞建林、沙丽金等译,中国政法大学出版社2003年版,第415页。

② 参见王进喜:《美国〈联邦证据规则〉(2011年重塑版)条解》,中国法制出版社2012年版,第237—238页。

③ 参见[英]理查德·梅:《刑事证据》,王丽、李贵方等译,法律出版社2007年版,第455页。

④ 关于证据的审查模式分类,参见封利强:《论我国证据审查模式的选择》,载《第二届证据理论与科学国际研讨会论文集》(上卷),中国政法大学出版社2009年版,第357—365页。在该文中,作者将证据审查模式分为英美法系的“分离模式”与大陆法系的“融合模式”。需要指出的是,虽然在两大法系的诉讼传统中对证据的审查机制差异较大,但对证据能力与证明力审查的不同模式也存在交叉的部分。例如,在英美法系,对于庭审中证人证言的审查,包括其证言的证据能力与证明力的双重审查;而在大陆法系,一些国家在庭审前的听证程序或庭前会议中也包含非法证据排除的内容,即对证据能力的预先审查。

审前会通过庭前听证或庭前会议的形式展开对证据的证据能力的审查。相比之下，英美法系国家采取的分离模式更为明确，即在一般情况下，由法官负责对证据能力的审查，而由陪审团负责对证据的证明力进行审查。在英国，1996年《刑事诉讼与调查法》明确规定，在陪审团宣誓、被告人的有罪答辩被接受，或者“准备听审程序”开始以前，主持“答辩和指导的听审”的法官可以根据控辩双方的申请，或者自行就证据的可采性以及其他法律问题作出裁定。这种裁定一旦作出，就对整个法庭审判具有法律效力。[①]在美国，《联邦刑事诉讼规则》第12条（b）规定，“下列辩解、异议或请求必须在审判前提出：……（3）申请禁止证据”。同时，第12条（e）还规定，“在审判前提出的申请应当在审判前裁定，除非法庭因具有适当理由，命令推迟至对总的争议作审判时或陪审团作出裁决前再做裁定。但是，如果对当事人上诉的权利有不利影响，则不能推迟裁定”。[②]而在大陆法系国家，对证据能力与证明力的审查一般均由法官进行，如《俄罗斯联邦刑事诉讼法典》第229、234条规定，在一方提出“排除证据的申请”的情况下，法院应举行庭前听证程序，并由法官在不公开的审判庭独任进行。同时，《俄罗斯联邦刑事诉讼法典》第235条第5款规定，“如果法院作出了排除证据的裁判，则该证据即失去法律效力，便不得作为刑事判决或其他法院裁判的根据。在法庭审理过程中也不得进行审查和利用”。[③]而在“融合审查”模式中，对证据的证据能力与证明力的审查，通常由法庭在控辩双方庭审质证的基础上进行。例如，在英美法系国家，法庭对证人当庭证言的审查便同时包括证据能力与证明力的审查。在大陆法系国家，法庭则可在控辩双方质证的基础上同时对各类证据的证据能力与证明力进行审查。并且，对于采取分离模式的大陆法系国家，如俄罗斯，法庭还可以根据一方的申请，决定再次审议认定被排除的证据可以采信的问题。[④]

就刑事辨认证据而言，依据其不同的证据形式，法庭在具体审查方

---

① 参见王以真：《外国刑事诉讼法》，北京大学出版社2004年版，第109页。

② 参见《美国联邦刑事诉讼规则和证据规则》，卞建林译，中国政法大学出版社1996年版，第55—56页。

③ 参见《俄罗斯联邦刑事诉讼法典》，黄道秀译，中国人民公安大学出版社2006年版，第208、214页。

④ 参见《俄罗斯联邦刑事诉讼法典》，黄道秀译，中国人民公安大学出版社2006年版，第214页。

式上也有所不同。其一，对于审前辨认证据的审查。在分离审查模式中，可由辩方申请或法官依职权自行审查其证据能力，对于符合证据排除条件的，则不再提交至庭审中；而在融合审查模式中，则在辩方法庭质证的基础上，由法官首先对刑事辨认证据能力作出审查，在确定其证据能力之后，再对其证明力作出审查。

需要指出的是，对于采取书面形式记录审前辨认的证据，如大陆法系国家通常采用的书面形式的辨认笔录，在审查过程中，存在着明显的不足。首先，不利于对其证据能力的审查。尽管根据全面记录规则的要求，各国在审前辨认中必须对辨认程序的全过程以及各方参与主体的言行进行记录，但在书面记录的形式下，对于辨认程序中可能出现的违法行为，如警方的不当暗示行为，难以通过文字进行准确表达，造成法庭无法准确判断其是否具有证据能力，从而使得本应被排除的刑事辨认证据被法庭采纳。其次，不利于对其证明力的审查。与对证据能力的审查相类似，在书面记录中，法庭难以准确把握辨认人在辨认过程中的状态、客体设置的具体内容，如辨认人的相似度、辨认现场环境等可能影响辨认结果准确性的因素，从而可能导致法庭错误认定辨认证据证明力的大小。最后，不利于辩方在庭审前提出排除证据的申请或在庭审中进行有效质证。由于大陆法系国家并未明确律师等相关人员参加辨认程序的权利，仅凭书面笔录，律师难以了解辨认程序的具体过程，尤其是前述所涉及的不当暗示行为、影响辨认结果准确性的相关因素，从而导致辩方无法在庭前听证或会议中有效提出排除辨认证据的申请；在庭审中，也无法对其进行有效质证。

对此，鉴于书面记录形式存在的不足，在英美法系的英国，对于审前辨认证据的记录，通常采用视频记录的方式进行，确保准确记录辨认程序的全过程。[①]在大陆法系的俄罗斯，《俄罗斯联邦刑事诉讼法典》第166条规定："……2. 笔录可以手写或利用技术手段制作。在实施侦查行为时，还可以使用速记、照相、影片拍摄、录音和摄像。速记记录、照相底片和照片、电影胶片、录音带和录像带均在刑事案件的案卷中保

① 《1984年警察与刑事证据法》之《守则D》附件B第23条规定，"一般情况下，必须通过视频记录辨认程序。……" See Code D, Annex B, 23, "Police and Criminal Evidence Act 1984 (PACE)", 2011 Version, https://www.gov.uk/government/publications/pace-code-d-2011, 2015年5月18日。

存。”可以说，在技术手段广泛运用于刑事司法实践的今天，采取此类形式的记录能够更加有效地保证法庭对刑事辨认证据的审查。

其二，对于当庭辨认证言的审查。如前所述，在英美法系国家，在庭审前参加辨认的证人还需要在法庭上进行当庭辨认，并以证言的形式将其辨认结果告知法庭。同时，通过控辩双方对证人证言的质证，法官对其证据能力作出审查，并由陪审团对其证明力作出判断，这也是英美法系通常所采用的分离审查模式的例外。但如此一来，由于对当庭辨认证言证据能力的审查同样发生在陪审团面前，使得陪审员或多或少受到证人证言的影响，即使法官否定其证据能力，也无法保证陪审团在认定案件事实时不以该被排除的辨认证言为依据。在美国刑事司法实践中，便有律师对这一问题提出质疑。在 *Watkins v. Sowders* 案中，被告方主张联邦最高法院应参照 *Jackson* 规则，[①]对目击证人证言可采性的审查不应在陪审团的面前进行，其原因在于该证言可能并不可靠而不具有可采性。并且，对于陪审团的指示难以抹去陪审团脑海中对该证言的已有印象，从而导致陪审团作出错误判决。同时，被告方还认为，对于当庭辨认的证言，交叉询问并不是揭露其证据不可靠性的有效方式，因为交叉询问的过程可能加深陪审团对该辨认证言的印象，从而导致律师放弃适用强硬的询问方式来质疑证人的可靠性。反之，如果不在陪审团面前举行对证据的听证，辩护律师则无须过于顾忌交叉询问对陪审团印象的影响，从而更加充分地进行质证。[②]对此，联邦最高法院最终以 7∶2 的投票结果确认了地方法院的做法，并指出在陪审团之外举行对目击证人辨认证言的听证并无宪法依据。[③]其中，以斯图尔特大法官为代表的多数意见认为，在陪审团之外进行听证是决定辨认证据是否具有可采性的最为谨慎的方法。但是，在本案中，其核心在于这一形式的听证是否符合宪法第十四修正案关于正当程序条款的要求。对于在 Jackson 案中形成的关于对任意

---

① 在 *Jackson v. Denno* 案中，联邦最高法院否定了地方法院在陪审团面前审查该案被告任意自白的做法，即应在陪审团之外由法官单独对任意自白的可采性进行审查。在 Watkins 案中，被告一方希望联邦最高法院适用 Jackson 案的这一规则。See *Jackson v. Denno*, 378 U. S. 368 (1964).

② See Robert Roy Schneider, “Fourteenth Amendment-The Last Gasp of Due Process Requirements on Eyewitness Identifications: The Admissibility of Identification Evidence May Be Determined in the Jury's Presence”, *Journal of Criminal Law and Criminology*, Vol. 72, No. 4, pp. 1410-1425.

③ See *Watkins v. Sowders*, 101 S. Ct. 654 (1981).

自白的听证规则，并不适用于对辨认证言的审查。同时，对于被告方所指出的交叉询问方式无法有效质疑辨认证言，联邦最高法院同样予以否定，并强调交叉询问是审查辨认证言可靠性的最佳方式。[①]

与多数意见相左，布里南大法官则认为，通过 *Manson v. Braithwaite* 案可以发现，"通常情况下，证人需要对一个完全陌生且在紧张或情绪压力的环境下所遭遇的人进行辨认，其对该名陌生人的记忆会轻易地受到环境或警方后续行为的干扰"，因而其辨认证言的可靠性也值得怀疑。[②]据此，联邦最高法院应制定相应措施确保陪审团认定案件事实的过程不受不可靠的辨认证言的损害。同时，布里南大法官还指出，对陪审团在审查辨认证言时的指示并不能有效确保陪审团能够完全忽略这一不可靠的证言，而陪审团对于证言审查的决定性影响因素并不是该证言的可靠性，而是证人在作出证言时所表现出的自信程度。据此，布里南大法官仍坚持认为，对于辨认证据可采性的审查听证应在陪审团之外进行。[③]

## 二、刑事辨认证据能力的审查

证据能力，即证据资格，是指"某一材料能够用于严格证明的能力或资格，亦即其在法律上允许采用的能力"。[④]在英美法系，证据能力也称之为证据的可采性。就刑事辨认证据而言，各国立法及司法实践中法庭对其证据能力的审查内容主要为辨认程序的合法性。除此之外，在英美法系国家，对于刑事辨认证据的证据能力，法庭还会审查其辨认结果的可靠性。

### （一）辨认程序的合法性

一般而言，不管是在大陆法系还是英美法系，对于警察或检察机关

---

① See Robert Roy Schneider, "Fourteenth Amendment-The Last Gasp of Due Process Requirements on Eyewitness Identifications: The Admissibility of Identification Evidence May Be Determined in the Jury's Presence", *Journal of Criminal Law and Criminology*, Vol. 72, No. 4, pp. 1414-1417.

② See *Manson v. Braithwaite*, 432 U. S. 98 (1972).

③ See Robert Roy Schneider, "Fourteenth Amendment-The Last Gasp of Due Process Requirements on Eyewitness Identifications: The Admissibility of Identification Evidence May Be Determined in the Jury's Presence", *Journal of Criminal Law and Criminology*, Vol. 72, No. 4, pp. 1417-1419.

④ 参见宋英辉、汤维建：《证据法学研究述评》，中国人民公安大学出版社 2006 年版，第 167 页。

通过在违法程序中收集的证据，法庭通常应予以排除。例如，在俄罗斯，根据《俄罗斯联邦刑事诉讼法典》第 75 条的规定，违反法定程序收集的证据不具有法律效力，法庭不得采信，同时，指控机关也不得将其作为指控的根据。[①]其中，便包括违反该法第 193 条规定所获得的辨认笔录证据。在英美法系主要国家，由于目击证人的证言在法庭认定案件事实中发挥着重要作用，因而，对于违反辨认程序中收集的证据，并不会绝对予以排除，而是由法庭基于不同标准，决定是否采纳。

在英国，根据《1984 年警察与刑事证据法》第 78 条的规定，“在任何程序中，如果在法院看来，虑及所有情况，包括取得证据的情况，采纳该证据将对程序的公平性产生不利影响，以至于法院不应当采纳它，则法院可以拒绝允许提出检控方准备依据的该证据”。[②]就刑事辨认证据而言，上诉法院在 Jones 案中强调，《1984 年警察与刑事证据法》之《守则 D》规定的是警察遵循的程序，而非直接针对证据的可采性，尽管违反该守则可能使证据根据第 78 条被排除。而实质上，决定证据是否被采纳的依据并不是违反守则的事实，而是“违反守则行为的本质和违反发生时的情况”，[③]也就是说，只有当警察违反《1984 年警察与刑事证据法》之《守则 D》的行为本身已造成程序的不公正，其所得证据才会被排除，而在没有造成程序不公的情况下，违反《1984 年警察与刑事证据法》之《守则 D》而获得的辨认证据则可以采纳。例如，在 Grannell 案中，警方违反了《1984 年警察与刑事证据法》之《守则 D》关于群体辨认程序的规定，但上诉法院认为，“仅因为有一次违反了守则，并不意味着该证据不可被采纳：重要的是看采纳该证据是否会带来不公正。本案中，一审

---

① 《俄罗斯联邦刑事诉讼法典》第 75 条规定：“1. 违反本法典的要求而获得的证据不允许采信。不允许采信的证据不具有法律效力，不得作为指控的根据，也不得用来证明本法典第 73 条规定的任何情况。2. 不允许采信的证据包括：（1）犯罪嫌疑人、刑事被告人在没有辩护人在场时，包括在他拒绝辩护人的情况下在审前诉讼过程中所做的，而没有被犯罪嫌疑人、刑事被告人在法庭上证实的陈述。（2）被害人、证人基于猜测、假设、传闻所做的陈述，以及证人不能指出其信息来源的证言。（3）违反本法典的要求所获得的其他证据。”从该条第 2 款第 3 项内容可知，违法获得的刑事辨认证据同样不具有证据能力。参见《俄罗斯联邦刑事诉讼法典》，黄道秀译，中国人民公安大学出版社 2006 年版，第 75 页。

② 参见［英］克里斯托弗·艾伦：《英国证据法实务指南》（第四版），王进喜译，中国法制出版社 2012 年版，第 222 页。

③ 参见［英］理查德·梅：《刑事证据》，王丽、李贵方等译，法律出版社 2007 年版，第 449 页。

法院运用第78条下的自由裁量权采纳辨认证据是正确的”。在另一案件中，一位证人在案发时、案发后认出两个嫌疑人，并向警察描述了这些人的特征。依照这些信息，警察在案发地点逮捕了被告人。依据《1984年警察与刑事证据法》之《守则D》第2节第3条规定，嫌疑人有权要求进行列队辨认，但警方没有进行。随后，基层法院仍采纳了证人这一“非正式辨认”的证据。对此，高等法院同样认为，对于警方没有进行列队辨认的行为并不涉及实质问题，没有对被告人造成不公平的待遇。因为本案中，实际上并未举行过列队辨认，而是证人依据其所见而向警方所做的证言。即使组织列队辨认，也不会有效地挑战证人。[①]并且，对于有严重违反守则的情形，法官仍有权基于其自由裁量权而采纳该证据。如在Ryan案中，参与案件侦查的警官也参加了辨认程序，从而违反了《1984年警察与刑事证据法》之《守则D》所要求的办案人员回避规则。但基层法院仍然采纳了该证据人。对此上诉法院认为，该行为并未导致被告受到不公正的对待。[②]但是，如果警察故意无视守则而造成辨认过程的不公正，该辨认证据应被排除。在Finley案中，警察违反守则把证人集中在一起等待辨认，且没有告知他们不得就案件内容进行讨论。最终，三名证人从列队辨认程序中辨认出被告人。对此，上诉法院认为，“负责这一辨认的警官有责任保证证人不能彼此沟通，但本案里的证人却被给予条件这样做：这样，看起来辨认没有做到公正的程度”，因此，一审法官应在检控方举证后将此证据从陪审团面前撤下。[③]

与此同时，由于英国《1984年警察与刑事证据法》之《守则D》规定了多种不同的辨认程序，对于不同辨认程序中的证据，法庭采纳该证据的标准也有所不同。例如，根据《1984年警察与刑事证据法》之《守则D》的规定，在非正式的街头辨认后，通常应进行正式的视频辨认、列队辨认等，而街头辨认的证据通常不予采纳。但是，对于案发后不久便进行的街头辨认，法官可以裁量采纳该证据，而不论街头辨认后是否进行视频辨认、列队辨认等，如果没有进行正式辨认程序，也不被视为对《1984年警察与刑事证据法》之《守则D》的违反。在奥斯卡案中，

① 参见[英]理查德·梅:《刑事证据》,王丽、李贵方等译,法律出版社2007年版,第450页。
② 参见[英]理查德·梅:《刑事证据》,王丽、李贵方等译,法律出版社2007年版,第450页。
③ 参见[英]理查德·梅:《刑事证据》,王丽、李贵方等译,法律出版社2007年版,第449页。

上诉法院认为，“如果嫌疑犯在案发后被捕，且在被捕后几分钟内被带去与一个目击者对质，这一辨认的结果可以被采纳，尽管没有做列队辨认”。[①]又如，对于通过照片辨认的证据，法庭通常不予采纳，其原因在于照片一般是由警方拍照并提供辨认，此类照片通常会给人造成嫌疑人此前有过前科的印象而导致不当暗示。而在1996年艾伦案中，上诉法院认为，通过照片辨认获得的证据可以在一系列情况下提交陪审团，决定其可采性的最终标准仍是公正性。同时，由于被告人的行为导致证人没有在照片辨认程序后的列队辨认中作出肯定的辨认结果时，法庭也可以采纳证人通过照片辨认程序而作出的辨认结果。[②]

此外，在英国的庭审中，除辨认人当庭辨认证言可以采纳外，其他证人所做的关于辨认人在庭外辨认结果的证言同样可以被法庭采纳。其具体情形包括：（1）如果辨认证人在庭里认出被告人，并提供庭外辨认的证据，其他证人也可以提供庭外辨认的证据。采纳该类证据的理由是，在提供庭外辨认证据时，其他证人是在为辨认证人的证词作证，目的是证明将被告人视作犯罪之人是可信的。[③]（2）若辨认证人在庭审时认出被告人，但没有提供庭外辨认的证据，其他证人仍可提供庭外辨认的证据。例如，在克里斯蒂案中，一个男孩被非礼后，向他的母亲和一位警察指认了非礼者。一审时，男孩在庭上认出被告人，但没有被问及过去的辨认，而他母亲和警察都被问到该辨认的事情。法庭采纳了其母亲与警察的证言而肯定了男孩在庭上的辨认证言。（3）若辨认证人在庭上记不起来在列队辨认时他挑出的人，但称他挑出的人是犯罪者，其他证人可证明他挑出的是被告人。采纳该证据的实际理由是：“列队辨认与庭审的时间间隔，可能会导致证人忘记他在列队辨认时挑出的人是哪一个；被告可能会改变他的外貌；辩护方将有机会质询辨认证人有关他证据的真实性和准确性；……”[④]

在美国，对于违反宪法而侵犯犯罪嫌疑人、被告人基本权利所获得

---

① 参见[英]理查德·梅:《刑事证据》,王丽、李贵方等译,法律出版社2007年版,第452页。

② 在Byrne and Trump案中,警察在抢劫发生的6天后,向一个证人出示了照片,证人挑出B作为抢劫的参与者,但在两天后的列队辨认时证人却没有指出B,因为B已经改变了外表。因此,法院采纳了此前照片辨认程序的证据。参见[英]理查德·梅:《刑事证据》,王丽、李贵方等译,法律出版社2007年版,第460页。

③ 参见[英]理查德·梅:《刑事证据》,王丽、李贵方等译,法律出版社2007年版,第455页。

④ 参见[英]理查德·梅:《刑事证据》,王丽、李贵方等译,法律出版社2007年版,第455—456页。

的证据，联邦最高法院通过一系列案例确立了较为严格的采纳标准。就刑事辨认证据而言，早在1967年合众国诉韦德案中，联邦最高法院便明确了宪法第六修正案在辨认程序中的适用，即在审前辨认程序中，犯罪嫌疑人同样享有获得律师帮助的权利。通过该案，联邦最高法院也确立了一项关于刑事辨认证据的排除规则：对于违反宪法第六修正案而进行的辨认程序，其所获得的证据将不具有可采性。在韦德案中，多数法官认为，错误辨认的一个主要情形是检控方在审前辨认程序中对证人进行暗示，从而导致证人作出错误辨认。为了降低错误辨认的风险，犯罪嫌疑人在辨认程序中享有宪法第六修正案所规定的获得律师帮助的权利。“对于韦德而言，控告后列队辨认属于其被诉的有争议阶段，在这个阶段他应该享有和审判时同样的接受援助的权利。因此，在对韦德进行证人辨认时，应该通知韦德和他的律师，并且律师到场应该作为列队辨认的一个必备条件，除非是选择放弃。”[①]在随后的吉尔伯特诉加利福尼亚（*Gilbert v. California*）案中，联邦最高法院进一步提出，对于违反宪法第六修正案而进行的审前辨认程序，辨认人在当庭辨认时的辨认证言同样应予以排除，因为当庭的辨认证言直接来自非法的列队辨认，这种非法的列队辨认也是非法公开进行的。……因此，国家无权享有这样的机会去出示那种证据（当庭辨认证言，笔者注），把它作为独立的证据来源。[②]同时，联邦最高法院也指出，对于作为“毒树之果”的当庭辨认证言，采取绝对的排除规则并不可取。控方可以通过“建立清楚的和令人信服的证据”，以证明辨认的当庭辨认是基于对被告人的观察而非审前的列队辨认，从而切断非法审前辨认与当庭辨认的关联。也就是说，如果控方“可以证明这种证言与审前辨认没有实质关联，并非毒树之果，那么就可以采纳”。最终，联邦最高法院通过韦德案与吉尔伯特案，建立了辨认证据排除规则的两项标准：其一，对于违反宪法第六修正案所获得的审前辨认证据、辨认人当庭辨认证言，法庭均不得采纳；其二，当可以证明辨认人当庭辨认证言独立于审前辨认，或者相对其他定罪证据来

① ［美］伟恩·R. 拉费弗等：《刑事诉讼法》（上册），卞建林、沙丽金等译，中国政法大学出版社2003年版，第419页。

② 参见［美］伟恩·R. 拉费弗等：《刑事诉讼法》（上册），卞建林、沙丽金等译，中国政法大学出版社2003年版，第427— 428页。

说构成无害的错误，则法庭可以采纳辨认人的当庭辨认证言。①

同时，由于上述两案中的辨认程序均发生在案件提起公诉并为嫌疑人指定律师之后，而对于律师在审前辨认中是否必须到场，美国各州地方法院并未达成一致。尤其在案件发生后不久因时间紧迫而进行的辨认，一般没有律师到场。对此，在 1972 年科尔比诉伊利诺伊（*Kirby v. Illinois*）案中，联邦最高法院对警方在无证逮捕和起诉前对尚未获得律师帮助的嫌疑人进行列队辨认的行为予以认可，并就审前辨认程序适用宪法第六修正案的时间范围作出限制，即对于发生在起诉前的审前辨认程序，并不要求律师到场，因而排除规则并不适用。②此外，在 1973 年合众国诉埃什（*United States v. Ash*）案中，联邦最高法院再次对宪法第六修正案在辨认程序中的适用作出限制，即刑事辨认中的律师帮助权并不适用于照片辨认程序。在埃什案中，联邦最高法院认为，在审前程序中聘请律师，其作用在于可以给嫌疑人法律上的援助以及代表其与控方交涉，但与列队辨认程序不同，在照片辨认程序中，嫌疑人本人并不出现，律师到场并不能给予任何帮助。此外，还有法官认为，律师在辨认程序中的作用并不明显，“他不能阻止辨认，也不清楚会按什么方式进行。他不能提供法律建议，不能辩护，不能提出不同意见。实际上，律师被承认的身份只是一个受过专业培训的观察者”。③

需要指出的是，在前述这些案件中，联邦最高法院是从宪法第六修正案的角度对刑事辨认证据的可采性予以考量，并建立其相应的证据排除规则。与此同时，在 1967 年另一例有关刑事辨认证据可采性的斯托瓦尔诉迪诺（*Stovall v. Denno*）案中，联邦最高法院首次从宪法第十四修正案“正当程序”的角度对辨认程序中可能存在的暗示因素进行审查。在该案中，辨认程序在被害人所在医院内进行，但被告人迪诺是其中唯一一名黑人且戴有手铐。对此，被告人认为在医院的辨认程序中存在明显的暗示因素，从而要求排除被害人在医院对其进行的辨认。对于被告人的主张，联邦最高法院从正当程序的角度予以了肯定，“被告人可以主

---

① 参见梁坤:《宪法权利视角下的美国目击者辨认证据规则》,《证据科学》2009 年第 4 期,第 464 页。

② 参见[美]伟恩 · R. 拉费弗等:《刑事诉讼法》(上册),卞建林、沙丽金等译,中国政法大学出版社 2003 年版,第 421 页。

③ See *United Sates v. Ash*,413 U. S. 300 (1973).

张这种辨认形式是如此不必要地带有暗示性，因而很容易导致不可挽回的错误辨认，这样他便被剥夺了正当程序的权利。”[①]但最终，考虑到本案被害人身负重伤的特殊情况，最高法院认定在医院进行的紧急辨认是必要的，因而不构成对正当程序的违反。对于这一结论，联邦最高法院指出，“这个世界上惟一的可能证明斯托瓦尔无罪的人，她的话，也只有她的话，‘不是他’，才能使他获得自由。医院离法庭和监狱不远。面对辨认攻击者的责任以及立即采取行动的需要和知晓贝伦特夫人不能来到监狱，警察进行了惟一可行的程序，即把斯托瓦尔带到病房。在这种情况下，现在斯托瓦尔认为他本应具有的通常在警察局进行的列队辨认是不可能的”。[②]

**（二）辨认结果的可靠性**

在英、美等国家，对于刑事辨认证据的证据能力，法庭还会审查其辨认结果的可靠性，从而决定是否采纳该证据。在英国，法官在决定案件是否该从陪审团面前撤下时，还要看“关键证据的质量”。就刑事辨认而言，如果被告人是被一名熟人辨认出来，就不存在陌生人辨认所存在的风险，辨认结果的准确性相对更高，证据的可靠性也随之更高。另一方面，如果作为关键证据的辨认证据的质量次，且没有其他证据支持，则应将案件从陪审团面前撤下。[③]

在美国，随着主导正当程序革命的沃伦大法官的退休，继任的伯格大法官对有关正当程序的证据规则作出限制，使得“原有的规则从原则性、强制性转而变为具有可变性、开放性”。[④]就刑事辨认证据而言，其证据可采性的审查内容不再仅限于程序的合法性，还增加了对其可靠性的审查。1972 年，联邦最高法院在尼尔诉比格斯（*Neil v. Biggers*）案中对

---

① 梁坤：《宪法权利视角下的美国目击者辨认证据规则》，《证据科学》2009 年第 4 期，第 466 页。

② 参见［美］伟恩·R. 拉费弗等：《刑事诉讼法》（上册），卞建林、沙丽金等译，中国政法大学出版社 2003 年版，第 430 页。

③ 辨认证据的质量取决于具体案件中的情况和辨认时的条件。如果被抢的人没有机会看清抢劫者，或只仓促间看过一眼，法官则须想清楚能否可以由陪审团依此证据来作出定论。在英国著名的 Turnbull 案中，法官指出，“当庭审法官认为辨认证据软弱，比如，它依据的是眼光一扫下的印象，或较长时间的观察但观察的条件很差……法官要将案件撤掉，并指示陪审团宣判无罪”。参见［英］理查德·梅：《刑事证据》，王丽、李贵方等译，法律出版社 2007 年版，第 438 页。

④ 参见樊崇义等：《正当法律程序研究——以刑事诉讼程序为视角》，中国人民公安大学出版社 2005 年版，第 68 页。

存在暗示因素的审前辨认程序中所获得证据的可采性再次进行了探讨，并指出暗示因素本身并不能就导致证据的排除，其标准应为“是否先前的暗示性的辨认实质上产生了‘一个无法弥补的错误辨认的可能性’”。在比格斯强奸案中，被害人与罪犯遭遇的时间持续了半个小时，且当时的光线充分，被害人有充分的机会去观察罪犯，因此，联邦最高法院综合全案情形，认为其中的暗示因素导致错误辨认的可能性并不存在，因而认定该项证据具有可采性。[①]

随后，在1977年曼森案中，联邦最高法院正式对存在暗示性因素的辨认证据的排除规则作出修正，即存在暗示因素的辨认程序并不必然导致排除规则的适用，而应以证据的可靠性为采纳标准。也就是说，当暗示因素并不会导致辨认人作出错误辨认时，其辨认结果的准确性以及该证据的可靠性得到保证，因而具有可采性。同时，联邦最高法院还对“错误辨认的可能性”的考察因素予以解释：“这包括证人观察作案时的犯罪分子的机会，证人注意的程度，先前对于犯罪分子描述的准确性，对质时被证明的肯定程度以及犯罪和对质之间的间隔时间。”[②] 在曼森案中，联邦最高法院的法官分为两种意见：一种是马歇尔等大法官的主张，认为只要程序错误，即使证人的指证真实，通常情况下也必须予以排除。除非检察官有足够的证据证明不当的暗示丝毫不会影响指证的真实性(如目击者与犯罪嫌疑人是邻居)；另一种是布莱克曼等大法官的意见，他们认为如果将任何有暗示性的指证都予以排除，虽然可以防止无辜者被错判有罪，但若指证真实也会使有罪者逍遥法外。因此，主张即使指证的程序错误，只要证据真实即应采信。在这场争论中，布莱克曼大法官的意见最终占了上风：即指证程序具有暗示性并不必然导致证据的排除使用，证人指证以是否真实作为采信的依据。[③]

---

① 参见[美]伟恩·R.拉费弗等:《刑事诉讼法》(上册),卞建林、沙丽金等译,中国政法大学出版社2003年版,第432页。

② [美]伟恩·R.拉费弗等:《刑事诉讼法》(上册),卞建林、沙丽金等译,中国政法大学出版社2003年版,第432页。

③ 参见张泽涛:《目击者指证错误的原因分析及其防范》,《中国刑事法杂志》2002年第4期,第79页。

## 三、刑事辨认证据证明力的审查

在现代刑事诉讼中，不管是大陆法系还是英美法系，证据的证明力已不再由法律预先作出规定，而是由法官或者陪审团在庭审中“运用自己具有的人类普遍认知能力来自由评断具体案件中各种证据的证明力”。在大陆法系，这一证明力的评价机制也称之为自由心证制度，即“每一种被采用的证据的证明价值是不固定的，要根据具体案件的情况由陪审团或法官自由评断”。[①]当然，这种“自由评断”并非毫无根据，而是以对证据内容可靠性的审查为基础。就刑事辨认证据而言，其可靠性集中体现为辨认结果的准确性：如果辨认结果是准确的，那么该证据便具有较高的证明力；反之，则该证据的证明力较低甚至不具有证明力。如本文第三章所述，影响辨认结果准确性的因素包括内在因素与外在因素，因此，法官或陪审团对辨认结果准确性的判断，便要通过考察辨认程序的全过程，审查其中可能存在的、影响辨认人作出准确辨认的各类因素。例如，案发时，辨认人是否有足够的机会观察罪犯，罪犯是否进行了伪装，案发时的光线是否足够明亮，乃至辨认程序中是否受到他人的暗示，均是法官或陪审团需要考虑的内容，从而对辨认结果的准确性作出判断。[②]同时，这也体现出在全面记录规则下对辨认过程的记录，对于审查刑事辨认证据证明力的重要意义。

需要指出的是，在英美法系国家采用的分离审查模式下，对证据证明力的审查或评价由陪审团进行。由于陪审员一般并不具备法官的专业水平，因此，在英、美等国，在陪审团审查刑事辨认证据的证明力时，法官会对其作出具体指示，引导陪审团进行审查。

在英国，上诉法院大法官威杰里勋爵在腾布案中确立了对陪审团进行指示的腾布规则，即在审查刑事辨认证据时，法官必须对陪审团作出指示：“（a）必须就根据辨认证据给被告定罪所需要的特别谨慎警告陪审团。（b）必须告知陪审团需要作出该警告的原因……（c）必须指示陪

① 参见何家弘、刘品新：《证据法学》，法律出版社 2013 年版，第 28 页。

② 就辨认结果准确性的判断，法官或陪审团应考虑影响辨认结果准确性的各方面因素，本报告第三章已具体论述，在此不再赘述。

审团仔细审查作出每个辨认的情况。”[①]关于审查辨认情况的事项，上诉法院在该案中列出一个查核清单，包括：“（a）以前见过。证人以前是否见过被告？认出可能比惊鸿一瞥更为可靠，但是还应当提醒陪审团的是，有些时候在这种能够认出的关系中和亲密朋友之间也会弄错。（b）妨碍。观察是否受到了妨碍？例如，车流或者人流的妨碍。（c）距离。进行指认的证人距离被指认者有多远？（d）差异。证人第一次就犯罪嫌疑人向警察所作描述与被告的实际外貌之间是否匹配？（e）光线。（f）时间幅度。观察持续了多长时间？在最初的观察与证人随后在排队辨认或者其他方式中的向警察指认被告之间，过去了多长时间？（g）具体弱点。辨认证据是否被任何特殊情况所削弱了：例如，因为进行指认的证人喝了酒或者弱视？”[②]上诉法院还指出，这份清单并不是排他性的清单，对于具体案件，还应当对其他可能导致错误辨认的因素进行审查。同时，在法官作出警告后，还应向陪审团指示他们去考虑辨认证据是否得到了其他证据的支持，“在这个阶段，他应当为他们指明能够和不能够提供这种支持的证据。支持性证据可能包括辩护方被拒绝的不在犯罪现场的证据，或者是被告的沉默……”。[③]

关于腾布规则的适用范围，上诉法院指出，“该案中的指示应为基层法官所遵循。该规则应在每一个案件中都得到遵循”。[④] 对此，威杰里大法官认为，腾布规则要严格遵守，但是，腾布案并未构成一个法案，不该机械地对待该规则，而应该遵循该规则的意思和精神。[⑤]也就是说，对腾布规则的适用，其标准为具体案件中是否存在错误辨认的可能性，而当问题并不涉及辨认错误的可能，则法官没有必要对陪审团作出指示，否则只会混乱陪审团的思维。

---

① [英]克里斯托弗・艾伦：《英国证据法实务指南》（第四版），王进喜译，中国法制出版社 2012 年版，第 218 页。

② [英]克里斯托弗・艾伦：《英国证据法实务指南》（第四版），王进喜译，中国法制出版社 2012 年版，第 219 页。就上述清单所列的事项而言，其同样包含了前文所述的影响辨认准确性的各种因素。如 b、c、e 项均属于影响辨认准确性的内在环境因素。

③ 在腾布案中，上诉法院还指出，在辨认证据的质量好的情况下，只要有足够的警告，就可以可靠地让陪审团评估它，即使没有支持性证据。参见[英]克里斯托弗・艾伦：《英国证据法实务指南》（第四版），王进喜译，中国法制出版社 2012 年版，第 219 页。

④ 参见[英]理查德・梅：《刑事证据》，王丽、李贵方等译，法律出版社 2007 年版，第 435 页。

⑤ 参见[英]理查德・梅：《刑事证据》，王丽、李贵方等译，法律出版社 2007 年版，第 435 页。

如前所述，在美国，错误辨认是导致陪审团错误定罪的最主要原因，这也反映出在审查刑事辨认证据的证明力时，陪审团更倾向于认定刑事辨认证据具有较高的证明力。对此，联邦最高法院大法官布里南在瓦特金斯诉苏德斯（*Watkins v. Sowders*）案的反对意见中指出，“目击证人辨认证据对陪审团有着强有力的影响。陪审团看上去更愿意相信，而不是倾向于怀疑目击证人宣称看到被告实施犯罪的证言”。①同时，一些学者在实证研究中也发现，绝大多数人认为目击证人辨认是最为可靠的证据形式之一。正是因为这一看法，造成陪审员在认定案件事实时更愿意相信目击证人的证言。在伊丽莎白·F. 洛夫特斯的实验中，实验人员首先将某一犯罪案件的主要信息告知模拟陪审员，随后将控辩双方的证据交给这些陪审员进行审查，实验结果显示，在没有出示刑事辨认证据时，仅有18%的人作出有罪的判断；而当加上一份目击证人的证言后，高达72%的陪审员作出有罪的判断。

基于刑事辨认证据，尤其是目击证人的当庭证言对陪审团的巨大影响，多数联邦法院巡回法庭在一系列案件中指出了对陪审团作出特定指示的必要性。其中具有代表性的是联邦哥伦比亚特区在合众国诉特尔费尔（*United States v. Telfaire*）案中所作出的指示：

> “辨认证言是证人有关印象或者相信的事实的表述。其价值取决于案发时证人观察侵害人的机会以及后来做出的可信的辨认。
>
> 评价辨认证言，你应当考虑以下因素：
>
> (1) 你确信证人有能力和有充足的机会观察侵犯者吗？
>
> 证人是否在案发时有充足的机会观察犯罪人会受以下因素影响，如可以利用的时间长短，距离的远近，照明条件，以及证人是否曾经见过或者认识该人……
>
> (2) 你认为证人在案发后进行的辨认是他自己回忆的结果吗？你可以考虑辨认的强度以及进行辨认的环境。
>
> 如果证人辨认可能受到环境的影响，在该环境下被告人为了辨认被突出出来，你应当详细地仔细地审查辨认。你可能还要考虑案发和证人再次见到被告人的间隔时间，将此作为一个有关辨认可信

① See *Watkins v. Sowders*, 449 U. S. 341 (1981) (Brennan, dissenting).

性的因素……

(3) 你可能要考虑任何证人没有能够进行辨认的情况，或者进行的是与庭审辨认不一致的辨认。

(4) 最后，你必须考虑每一个辨认的可信性，考虑是否证人是诚实的，考虑他是否有能力和机会对他证言中所涉及的事项进行可信的观察。

我还要再次强调控方的证明责任包括指控犯罪的每一个要素，尤其包括证明被告人就是犯罪人的责任要超过合理怀疑的程度。如果审查完证言后，你对辨认的准确性存在合理怀疑，则必须认定被告人是无罪的。"①

在合众国诉巴贝尔（*United States v. Barber*）案中，联邦法院第三巡回法庭同样认为，为了降低目击证人辨认证据的危害，必须对陪审团作出特别指示：

"对于本案中证人对某一名被告所做辨认的准确性，必须在审查与该辨认有关的所有情况的基础上作出决定。在审查所有证据以及各种有关被告的情况后，你认为对该被告是所控犯罪的参与者之一的辨认准确性存在合理怀疑，则必须认定该被告无罪。……

陪审团应将辨认证言视为证人关于案件事实的主张：(1) 证人是否有机会观察被告；(2) 证人是否能够肯定其所作的辨认；(3) 证人的辨认证言是否没有被其之前失败的或不一致的辨认所削弱；(4) 在交叉询问后，证人是否依旧对其证言表示肯定。在缺少上述四项条件的任何一项时，法庭必须告诫陪审团须谨慎对待该证据。控方的证明责任延伸至所控犯罪的每一个要素，包括证明对被告是所控犯罪实施者的辨认已超出合理怀疑的责任。"②

当然，在联邦层面，也有少数法院并不赞成法庭必须对陪审团作出特别指示，如联邦法院第一巡回法庭在 1978 年合众国诉卡维纳（*United States v. Kavnagh*）案中指出，初审法官可以自由裁量是否作出指示，但是，没有作出指示并不必然导致该判决的撤销。据此，联邦法院第一巡

---

① ［美］伟恩·R. 拉费弗等:《刑事诉讼法》(上册)，卞建林、沙丽金等译，中国政法大学出版社 2003 年版，第 435—436 页。

② *United States v. Barber*, 442 F. 2d 517, 528 (3d Cir.), cert. denied, 404 U. S. 958, 404 U. S. 846 (1971).

回法庭拒绝在该辖区内发布对陪审团的特别指示。[①]

综上所述，就刑事辨认证据的审查而言，尤其在其证据能力与证明力的“分离审查”模式下，英美法系主要国家对刑事辨认证据的审查有着更为复杂的要求。其中，对于其证据能力的审查，并不仅限于程序合法性的标准，还会审查辨认证据的可靠性，即辨认结果是否准确；而对于其证明力的审查，为了帮助陪审团正确认定刑事辨认证据的证明价值，法庭也会就评价刑事辨认证据的具体事项作出指示。

① See Michael H. Hoffheimer, "Requiring Jury Instructions on Eyewitness Identification Evidence at Federal Criminal Trials", *The Journal of Criminal Law and Criminology*, Vol. 80, No. 3, Autumn, 1989, p. 615.

# 第五章　刑事辨认本土论

在我国，从现行立法上看，有关刑事辨认的规定主要见于最高人民检察院发布的《刑诉规则》以及公安部发布的《刑诉规定》之中。虽然刑事诉讼法并未明确规定刑事辨认作为侦查措施的法定地位，且在2012年刑诉法修改之前辨认笔录尚未成为一项独立的证据种类，但在长期的司法实践中，刑事辨认一直是侦查机关广泛适用的一项侦查措施，由此形成的辨认笔录也一直是法庭据以认定案件事实的依据之一。然而，由于我国刑事辨认的程序设置及其证据运用中的问题，司法实践中也出现了一些因错误辨认而导致的冤错案件。这些案件直观地反映了我国刑事辨认在程序设置上的各种问题，同时，从更深层次讲，也反映出法庭在审查运用这些辨认证据时所存在的问题。

需要指出的是，在我国，错误辨认并非刑事冤错案件发生的最主要原因，其严重性尚不能与刑讯逼供相提并论，这也导致不管是在实务部门还是在学界，刑事辨认并未成为关注的焦点。在一定程度上，也造成在刑诉法修改过程中，并未涉及刑事辨认程序的有关问题，仅仅为了满足其作为定案依据的需要而确立了辨认笔录的证据地位。随后，在与新刑诉法相配套的司法解释等规范性文件中，最高人民法院颁布的新的司法解释明确规定了审查辨认笔录的相关内容，但在刑事辨认的程序设置上，最高人民检察院颁布的《刑诉规则》以及公安部发布的《刑诉规定》中并未作出明显变动。对此，笔者认为，由于在本次刑诉法及其配套规范性文件修改中对刑事辨认的忽视，不仅没有解决此前一直存在的老问题，同时还带来了一些可能出现的新问题。概括而言，一方面，由于刑事辨认在程序设置上的问题未能得到解决，司法实践中错误辨认的风险仍然存在；另一方面，虽然最高人民法院司法解释中明确了对辨认笔录的审查内容，但如前所述，辨认笔录这一证据形式的内在缺陷难以满足法庭对其证据能力与证明力的充分审查。更值得注意的是，由于辨认笔录已具有独立的证据地位，在刑讯逼供尚未得到彻底根除的背景下，通过“刑讯逼供+刑讯逼辨”得到的犯罪嫌疑人供述与辨认笔录，便在理论上可能成为对《刑事诉讼法》第53条所规定的“只有被告人供述，没有其他证据的，不能认定被告人有罪和处以刑罚”的有效规避。因此，在防止冤错案件的现实语境下，完善我国刑事辨认的程序设置与证据运用同样是实现这一目标的重要组成部分。

## 第一节　我国刑事辨认的程序设置及其完善

### 一、我国刑事辨认程序的立法规定及其缺陷

在我国，最高人民检察院发布的《刑诉规则》以及公安部发布的《刑诉规定》分别对刑事辨认的程序作出相应规定。总体而言，我国的刑事辨认程序可分为对犯罪嫌疑人的辨认程序，对与犯罪有关的物品、文件的辨认程序，对尸体的辨认程序以及对场所的辨认程序。在具体辨认形式上，主要为列队辨认或实物辨认，以及照片辨认。与英美法系一些国家对不同形式辨认程序分别作出规定不同，《刑诉规则》与《刑诉规定》仅就辨认程序中的一般规则作出规定，在司法实践中，由侦查人员遵循相应辨认规则实施辨认程序。同时，上述两份规范性文件在内容上也不尽相同。

关于启动辨认程序的实体条件，《刑诉规则》与《刑诉规定》只做了概括性规定。根据《刑诉规则》第257条规定，“为了查明案情，在必要的时候，检察人员可以让被害人、证人和犯罪嫌疑人对与犯罪有关的物品、文件、尸体或场所进行辨认；也可以让被害人、证人对犯罪嫌疑人进行辨认，或者让犯罪嫌疑人对其他犯罪嫌疑人进行辨认”。《刑诉规定》第249条也作出相同规定。同时，就其程序条件来说，根据《刑诉规则》第257条第2款的规定，在检察机关的自侦案件中，适用辨认程

序还应当经过检察长的批准。而在公安机关，根据《刑诉规定》第249条的内容可以推断，虽然刑事辨认并不属于刑事诉讼法中的法定侦查措施，但在该规定中刑事辨认则属于明确规定的侦查措施之一，因而可以说，刑事辨认的适用已包括在公安机关侦查权的权限范围内，侦查人员可直接启动辨认程序。

就刑事辨认规则而言，主要包括：第一，事先询问、告知规则。作为辨认程序开始前的两项基本规则，《刑诉规则》第258条同样作出了相应规定："在辨认前，应当向辨认人详细询问被辨认对象的具体特征……并应当告知辨认人有意作虚假辨认应负的法律责任。"而在《刑诉规定》中，公安机关则并未对此作出规定。第二，单独辨认规则。为了保证辨认人在辨认过程中不互相影响，独立、客观地作出辨认，《刑诉规则》与《刑诉规定》均对该项规则作出规定，如《刑诉规则》第259条规定，"几名辨认人对同一被辨认对象进行辨认时，应当由每名辨认人单独进行"。第三，混杂辨认规则。根据《刑诉规则》第260条规定，"辨认时，应当将辨认对象混杂在其他对象中……辨认犯罪嫌疑人、被害人时，被辨认的人数为五到十人，照片五到十张。辨认物品时，同类物品不得少于五件，照片不得少于五张"。在《刑诉规定》中，同样对混杂辨认规则作出规定，但在具体数量上略有不同。根据《刑诉规定》第251条规定，"辨认时，应当将辨认对象混杂在特征相类似的其他对象中，不得给辨认人任何暗示。辨认犯罪嫌疑人时，被辨认的人数不得少于七人；对犯罪嫌疑人照片进行辨认的，不得少于十人的照片；辨认物品时，混杂的同类物品不得少于五件"。同时，该条第2款还规定了适用该规则的例外，即"对场所、尸体等特定辨认对象进行辨认，或者辨认人能够准确描述物品独有特征的，陪衬物不受数量的限制"。第四，禁止暗示规则。为了确保辨认人客观、真实地作出辨认，《刑诉规则》第260条第1款明确规定了禁止暗示规则的相关内容，即辨认时，不得给辨认人任何暗示。但在公安机关侦查人员主持的辨认程序中，《刑诉规定》则并未作出有关禁止暗示规则的规定。第五，全面记录规则。根据《刑诉规则》第261条规定，"辨认的情况，应当制作笔录，由检察人员、辨认人、见证人签字。对辨认对象应当拍照，必要时可以对辨认过程进行录音、录像"。在《刑诉规定》中，第253条也对该规则作出类似规定。

此外，为了保护辨认人的合法权益，《刑诉规则》与《刑诉规定》还就秘密辨认作出规定，如《刑诉规则》第260条第3款规定，“对犯罪嫌疑人的辨认，辨认人不愿公开进行时，可以在不暴露辨认人的情况下进行，并应当为其保守秘密”。

通过梳理上述相关规定可以发现，相比英美法系一些国家刑事辨认的程序设置，我国刑事辨认的程序设置在立法上还存在较大缺陷，具体包括：

第一，在前述相关规定中，一些重要的辨认规则尚未确立，如办案人员回避规则等。为确保辨认程序的客观、公正，防止辨认程序主持者的不当诱导或暗示，办案人员回避规则是实现上述目标的一项前提性规则。如果不能实现办案人员与辨认程序主持者的分离，即使其他规则均已确立，也难以真正有效发挥其他辨认规则的价值。

第二，对于已确立的辨认规则，相关规定在内容上并不完整，难以充分发挥这些规则在规范辨认程序上的作用，如全面记录规则。虽然《刑诉规则》与《刑诉规定》均对该项规则作出规定，但在记录的内容上，仅概括性地要求记录“辨认的情况”“辨认的经过和结果”，而对于辨认前的相关内容并未要求作出记录，如辨认人辨认前是否曾见过犯罪嫌疑人以及见犯罪嫌疑人时的媒介等。同时，这种概括性的规定，也导致实践中办案人员记录内容有所差异，甚至有所遗漏。

第三，缺乏对犯罪嫌疑人的权利保障。相比英美法系一些国家对辨认程序中犯罪嫌疑人的权利保障，在我国刑事辨认程序中，犯罪嫌疑人尚未得到有效保护。这不仅体现在对犯罪嫌疑人的辨认程序中，同时也体现在犯罪嫌疑人作为辨认人的辨认程序中，特别是“刑讯逼辨”现象的时有发生，更加凸显了立法在对犯罪嫌疑人合法权益保护上的缺失。

第四，对辨认程序的监督机制不完善。虽然《刑诉规则》与《刑诉规定》均确立了辨认程序中的见证人制度。但对适用见证人制度的情形、见证人的人选等问题并未作出明确规定，同时，相比英美法系国家参加辨认程序的律师、朋友等代表嫌疑人利益的人选，我国辨认程序中的见证人只是“中立”的第三方，从而难以实现对辨认程序的有效监督。

## 二、我国刑事辨认程序设置在司法实践中的问题

如前所述，由于我国刑事辨认的程序设置在立法上存在诸多缺陷，导致了在司法实践中出现各种问题，而这些问题也集中体现在涉及错误辨认的刑事冤错案件中。同时，即使案件本身没有错误，这些问题的存在同样给司法实践带来了潜在风险。

### （一）刑事错案中的程序问题

据我国学者统计，自20世纪70年代至2011年，经媒体报道的国内错案数量为178例，[①]加上近几年相继曝光的错案，我国已知的错案数量达到200例以上。其中，涉及错误辨认的案件数量为24例。[②]虽然数量有限，但这些案例中的错误辨认已集中反映出我国刑事辨认在程序设置上的诸多问题。

*1. 对犯罪嫌疑人的辨认程序问题*

在这24例案件中，14例案件中实施了对犯罪嫌疑人的辨认程序。其中存在的问题主要包括：（1）违反单独辨认规则。其中，既存在违反辨认人进行单独辨认的行为，如王树红强奸案中，警方让两名证人同时进入嫌疑人所在的房间对其进行辨认；也存在违反对多名犯罪嫌疑人辨认时应对每一名犯罪嫌疑人单独实施辨认的行为，如高中生林某等强奸、寻衅滋事案中，警方将三名高中生的照片放在同一组照片中供辨认人进行辨认。（2）违反混杂辨认规则。在赵宝宏强奸案中，警方将嫌疑人单独关在一间屋子内，由被害人在门外进行辨认；而在前述王树红案中，嫌疑人同样被单独关在房间内。（3）违反禁止暗示规则。在何鑫敬等强奸案中，警方在辨认前对被害人进行了大量模拟辨认训练；在张海生强奸案中，警方在辨认过程中暗示被害人及证人留意嫌疑人脚上所穿的带有污泥的布鞋；在欧阳佳抢劫案中，警方在辨认前将嫌疑人的照片出示给同案其他嫌疑人，并由其他嫌疑人作出辨认。

---

① 参见王佳:《刑事辨认的原理与规制》,北京大学出版社2011年版,第13页。

② 该数据为笔者结合有关学者统计以及截至2014年底国内媒体报道的错案中涉及错误辨认的案例数量之和。

2. 对尸体的辨认程序问题

在这24例案件中，还有6例案件涉及对尸体的错误辨认，其所具有的一个共同特征是尸体本身已不具有可辨识性。例如，在滕兴善故意杀人案中，被害人家属仅依据尸体复原石膏像上的牙齿特征作出辨认；而在罗开友等故意杀人案、曹红兵抢劫案中，被害人家属仅依据高度腐败的尸体及尸体随身物品作出辨认；在赵作海故意杀人案中，被害人家属甚至仅凭一具无头、无四肢的尸体便作出了辨认。在这些案件中，由于尸体的不可辨识性，已从根本上失去了适用辨认程序的基本条件，而在这种情形下，警方基于侦破案件的需要，仍勉强实施辨认程序，其结果的错误也就难以避免。需要指出的是，在过去的司法实践中，由于技术手段的落后，致使对尸体身份的确认缺乏有效的技术手段而过于依赖被害人家属、朋友、同事等相关人员的辨认，一旦尸体本身被肢解或者腐烂，便可能导致辨认的错误。而随着科技手段，尤其是DNA检测技术的广泛运用，使得侦查人员不再以辨认作为确认尸体身份的主要方法。同时，在对尸体进行辨认的基础上，多数案件仍会通过血液等样本进行DNA检测，并同被害人近亲属进行比对，得出双方生物学关系的鉴定意见，从而证明尸体的身份。[①]可以预见，随着DNA检测技术的成熟及推广，依赖人类感官记忆对尸体进行辨认的方法将会被逐渐淘汰，对尸体的错误辨认也将不复存在。

3. 对场所的辨认程序问题

在对场所的辨认程序中，一个最为突出的问题便是犯罪嫌疑人被强迫、甚至在被刑讯的情形下，对犯罪场所进行指认。在这24例案件中，共有8例案件出现了上述情形，甚至在某些案件中，还出现了明显的错误。例如，在罗开友故意杀人案中，多名犯罪嫌疑人被迫指认的现场并不相同；在佘祥林故意杀人案中，嫌疑人在夜间指认犯罪现场时出现错误，随后由警察带路指认。对此，笔者认为，之所以在对犯罪现场的辨认程序中容易发生

---

① 关于对尸体的辨认，笔者对中国裁判文书网上2014年北京、安徽两地所有故意杀人案件的判决进行统计：在北京，2014年全年故意杀人案件9例，其中仅1例涉及对尸体的辨认；在安徽，2014年全年故意杀人案件54例（含一例刑事二审判决），其中仅5例案件涉及对尸体的辨认，其他案件中多采取对尸体提取检材并进行DNA检测的方式。参见中国裁判文书网：http://www.court.gov.cn/zgcpwsw/，2015年5月20日。

强迫辨认的情形，其原因在于警方在侦查犯罪的过程中，犯罪地点是案件事实中较为容易发现的部分，且通过犯罪嫌疑人对犯罪现场的指认，能够简单快捷地将犯罪嫌疑人与犯罪联系起来。其内在逻辑为：如果嫌疑人没有犯罪，他怎么会知道犯罪现场的地点。同时，强迫嫌疑人进行辨认，还能得到又一独立的证据而作为证明嫌疑人犯罪的依据。

4. 对物品的辨认程序问题

在这24例案件中，体现对物品辨认程序问题的案例仅有2例。在李秀武故意杀人案中，警方违反事先询问规则，在没有询问辨认人关于编织袋的相关特征的前提下，直接将编织袋交由其辨认，辨认人出于对嫌疑人的偏见而作出辨认。在胥敬祥抢劫案中，同样出现了嫌疑人被迫辨认家中的衣物为“所抢的赃物”的情形。

**（二）司法实践中的潜在风险**

尽管我国刑事辨认在程序设置上的问题主要体现在刑事冤错案件中的错误辨认上，但其缺陷同样给司法实践带来了潜在的风险。虽然这些潜在风险可能并未直接造成现实中的错案，但不能因为案件本身没有发生错误，便可以忽略这些风险。通过对一些地方的公安机关、检察机关的走访、调查发现，由于刑事辨认程序设置在立法上的缺陷，司法实践中还存在以下三个方面的问题，这些问题也随时可能成为导致错误辨认的风险因素。

1. 办案人员主持辨认程序的潜在风险

如前所述，为了确保辨认程序的客观以及辨认人能够真实地依据其感官记忆作出辨认，在英美法系一些国家，均明确要求办案人员不得主持辨认程序。在英国，办案人员甚至不得参加辨认程序。在美国的一些州，还要求辨认程序主持者同辨认人一样，事先并不知道犯罪嫌疑人的身份。而在我国，《刑诉规则》与《刑诉规定》均未明确规定具体办案的侦查人员或检察人员不得主持辨认程序。在司法实践中，通过走访北京、安徽等地的一些基层公安机关发现，在刑事案件的侦查过程中，基本是由办案人员主持辨认程序。由于办案人员在辨认前已经知道犯罪嫌疑人的身份，在辨认过程中便无法保证自己不会因为侦破案件的压力而诱导、暗示甚至强迫辨认人作出辨认。尤其在列队辨认的情形下，办案人员与辨认人同处一室，而犯罪嫌疑人并不知情且没有律师或其他能够维护其合法权益的人在场，办案人员很容易便能对辨认人进行诱导或者暗示，从而增加了错误辨认的风险。

2. 辨认对象设置中的潜在风险

在辨认对象设置方面，《刑诉规则》与《刑诉规定》均确立了混杂辨认规则，但在对象的相似性方面，前者并未作出规定，后者也仅规定了“特征相类似”的概括性要求，这一缺陷在司法实践中也有体现。在上述地区的基层公安机关，辨认程序中的陪衬人员或物品的选取并不严格遵循相似性要求，更为普遍的做法是以方便快捷为主，就近随机选择：在对犯罪嫌疑人的辨认程序中，如果条件允许，在着装上会尽量保持相似，但在具体个体的体型、相貌、年龄等具体特征上，则无法保证相似性。同时，在照片辨认程序中，照片的选择在过去的很长一段时期内，也存在着照片格式、清晰度、陪衬人员的相貌等方面不统一或不具有相似性的问题。按照工作人员在访谈中的说法，尽管在辨认对象设置方面未能严格遵循相似性要求，但多数案件中，辨认人还是能够作出辨认，且随后获得的其他证据也证实了辨认结果的准确性。对此，笔者认为，在多数情况下，正是由于辨认程序的不规范并未造成错误结果，使得办案人员在主持辨认程序时怠于严格遵守刑事辨认程序的相似性要求，但是，由于辨认对象的设置直接关系着最终的辨认结果，尤其是对犯罪嫌疑人的辨认程序中，一旦辨认人因辨认对象设置不规范而选择了错误的陪衬人员，其造成错误辨认的风险便会显著上升。

3. 见证人制度中的潜在风险

在我国，为了确保辨认过程中的客观、公正，《刑诉规则》在辨认程序中设置了见证人在场制度，而《刑诉规定》中虽然没有明确要求见证人在场，但在辨认笔录中，则要求见证人签字，由此也可推断出见证人在场制度的确立。然而，上述规范性文件并未对适用见证人的情形、见证人的人选等问题作出具体规定。在走访中发现，虽然《刑诉规则》中仅要求“必要的时候，可以有见证人在场”，但在上述地区公安机关的实践中，通常会邀请见证人到场。在笔者看来，其中一项重要原因在于辨认笔录中有见证人签字一栏，为了满足辨认笔录的形式要求，见证人在场制度能够得到普遍实施。而该项制度中的关键问题在于见证人的人选。据工作人员介绍，在单位内进行列队、照片辨认中，见证人的人选主要为同事，包括部门领导、普通同事等；而在户外进行辨认时，人选则主要为辨认地点附近随机寻找，如居委会、社区工作人员等。在个别案件中，也会邀请辨认人、被辨认人的关系人参与见证。对此，笔者认为，作为确保辨认过程客观、公正的监督性机制，尤其在对犯罪嫌疑人的辨认程序中，见证人的人选应能代表或维护嫌疑人的合法权益。如果见证人只是“中立”的第三方，甚至是辨认人的关系人或办案人员的同事，则难以在辨认过程中予以有效监督，从而导致该项制度流于形式，这同样也会增加错误辨认的风险。

## 三、我国刑事辨认程序设置的完善

通过梳理前述我国刑事辨认程序在错案中所反映的问题以及司法实践中存在的潜在风险，我国刑事辨认程序设置中的问题主要集中在三个方面：第一，辨认规则体系存在缺陷，致使辨认结果发生错误，或者因其准确性得不到有效保证而带来潜在风险。第二，缺乏有效的监督机制。在前述多数错案中，错误辨认的直接原因便在于侦查人员违反相关辨认规则从而造成辨认人作出错误辨认，而其中绝大部分违反辨认规则的行为均为侦查人员有意为之。从更深层次来说，这些违规行为的发生也归因于在辨认程序中侦查人员的行为缺乏有效的监督。第三，犯罪嫌疑人的合法权益得不到保障。一方面，在对犯罪嫌疑人的辨认程序中，由于其不享有诸如英美法系国家犯罪嫌疑人被赋予的权利，如位置选择权、异议权等，犯罪嫌疑人彻底成为辨认程序中的客体，这也潜在地增加了错误辨认的风险。另一方面，在犯罪嫌疑人进行辨认的程序中，强迫辨认的现象较为普遍，甚至是刑讯逼辨。因此，就我国目前的司法现状，对于我国刑事辨认的程序设置，应从以下三个方面予以完善。

### （一）健全刑事辨认规则体系

如前所述，我国刑事辨认规则体系的缺陷不仅造成了司法实践中的一些错案，在笔者看来，其更为严重的后果是给司法实践带来了巨大的潜在风险，随时可能导致新的错案发生。就目前我国的刑事辨认规则而言，不管是检察机关还是公安机关，还需从以下几个方面予以完善。

第一，确立辨认程序中的办案人员回避规则。在刑事辨认的过程中，程序主持者的主导地位无疑贯穿始终，其在辨认程序中的一言一行均可能影响辨认人最终的辨认结果。对此，在英美等国，为了防止程序主持者对辨认人进行暗示、诱导等，均明确规定不得由办案人员主持辨认程序。需要指出的是，由于办案人员在辨认前对案情已有足够的了解，对于犯罪嫌疑人的身份也已形成潜在的判断，同时，基于破案的压力以及寻求肯定的辨认结果的动力，办案人员难免在辨认过程中更为关注潜在的嫌疑对象，并可能有意或者无意地对辨认人进行暗示或诱导，而当辨认人同样对潜在的嫌疑人作出指认时，办案人员更有可能积极地予以回应或者肯定，从而极大增加了错误辨认的风险。因此，针对我国司法实践中由办案人员主持辨认程序的普遍现象，检察机关与公安机关均应针对性地确立办案人员回避规则，改由其他工作人员主持辨认程序，并且确保其他工作人员与办案人员的适当分离，避免办案人员间接影响具体主持辨认程序的工作人员。

第二，完善事先询问规则中的询问内容与方法。在刑事辨认程序中，对辨认人进行事先询问的目的不仅在于通过其对犯罪嫌疑人或物品等客体的描述，从而选择符合相似性要求的具体陪衬人员或物品，更为重要的是，通过询问，能够了解辨认人对犯罪嫌疑人等客体的感知、记忆程度，从而判断辨认人作出辨认结果的准确程度。因此，在询问的内容方面，应力求全面，其不仅包括犯罪嫌疑人或物品等辨认对象的详细特征，辨认人感知时的光线、距离等环境因素，还包括辨认人在感知后是否还受到其他因素的影响，如案发后看到警方的通缉公告，从新闻上了解到有关犯罪嫌疑人的身份等相关案件内容。同时，为了确保辨认人在回答问题或描述时的准确性，在询问方法上同样需要掌握一定的技巧。关于询问方法，国外一些学者通过研究发现，在询问过程中，警方提问方式的不同，会影响辨认人在陈述时的记忆准确性。[①]对此，为了提高辨认人陈述的准确性，也有学者提出了询问方法上的具体要求："（1）让目击者

① 在美国，心理学学者调查发现，在一些刑事辨认前的询问过程中，警方出于效率的考虑而经常打断辨认人的陈述，并提出一些封闭式问题，如"犯罪嫌疑人是白人还是黑人"，这种做法使得辨认人难以准确回忆自己的感知事实，从而降低其陈述内容的准确性。See Mark R. Kebbell, Rebecca Milne, "Police Officers' Perceptions of Eyewitness Performance in Forensic Investigation", *Journal of Social Psychology*, 138, 1998, pp. 323-330.

尝试重构犯罪发生的场景，并让目击者报告他能想到的任何事情，即使这些信息是零碎的；(2) 允许目击者以任何顺序、从任何角度报告事件的细节；(3) 询问人员应该使干扰减小到最低；(4) 询问人员应引导目击者说话缓慢一些，在回答与提出下一个问题之间有停顿，尽量减少目击者的焦虑；(5) 询问人员应使用合适于个体的语言进行询问；(6) 询问人员应避免作出判断性的和有个人色彩的评论。"①

在我国，虽然《刑诉规则》中规定了事先询问规则，但内容仅限于"被辨认对象的具体特征"，而公安机关在刑事辨认程序中则无有关事先询问的要求。在司法实践中，通常在询问被害人、证人或讯问犯罪嫌疑人的过程中对拟进行辨认的相关内容进行提问。因此，就我国刑事辨认程序中的事先询问规则而言，应从以下三个方面予以完善：其一，为了保证辨认人记忆的准确性，应在案发后第一时间内对辨认人进行询问，并作详细记录。由于案发后时间紧迫，询问可以由办案人员进行，但应在之后将详细记录移交给辨认程序的主持者。其二，在询问内容上，不仅包括犯罪嫌疑人等对象的详细特征，还应包括辨认人在感知相关犯罪事实时的环境因素以及案发后辨认人是否看到过有关案件内容的信息等其他可能影响其记忆准确性的因素，从而综合判断辨认人是否具备进行辨认的基本条件。其三，在询问方法上，办案人员应以开放式问题为主，由辨认人根据自己的语言习惯进行陈述。同时，在询问过程中，应尽量保证辨认人在一个相对舒缓的情绪下进行陈述。此外，由于办案人员已掌握相关案件信息，在提问或交谈时，应避免带有事实判断或个人色彩的言语。

第三，明确混杂辨认规则中的相似性要求。在刑事辨认程序中，作为辨认对象设置的基本要求，混杂辨认规则并不只是在数量上的要求，更为重要的是对辨认对象之间的相似性要求，即陪衬人员或物品应与拟辨认客体具有较高的相似度。而彼此之间的相似性也能够有效防止因某一人或物品具有明显有别于其他客体的特征而导致辨认人作出错误选择。在国内外涉及错误辨认的错案中，不少案件中的辨认错误的原因便是犯罪嫌疑人具有与其他陪衬人员明显不同的外在特征，如肤色、着装、疤痕或文身等。这些独有特征或是吸引辨认人的特别注意，或是经相关人

① [英]M. W. 艾森克、[爱尔兰]M. T. 基恩:《认知心理学》，高定国、肖晓云译，华东师范大学出版社2004年版，第345—346页。

员暗示，从而使辨认人作出错误判断。对此，在英美等国的对犯罪嫌疑人的辨认程序中，均对陪衬人员的相似性提出了各项具体要求，如体形、年龄、性别、种族、身高等自然特征。同时，对于犯罪嫌疑人所具有的独有特征，也要求通过遮盖，或者在陪衬人员身上复制同样特征等方式以达到彼此之间的高度相似。

在我国，关于辨认对象设置的相似性要求，《刑诉规则》中仅对物品辨认规定了“同类”要求，对犯罪嫌疑人及陪衬人员则无相似性要求；而《刑诉规定》中也仅概括性地规定了“特征相类似”的要求，对于相似性的具体内容也未作出规定。如前所述，在一些地区的调查中也发现，办案人员在选择陪衬人员或物品时，往往并不遵循相似性的要求，而是以方便为原则进行随机选择，虽然在这些地区尚未发现因这一问题而导致错误辨认的案例，但其仍然属于司法实践中的潜在风险。因此，为了避免这一潜在风险导致错误辨认发生，在我国刑事辨认程序中，同样应明确辨认对象之间的相似性要求。对于犯罪嫌疑人与陪衬人员的相似，应包括体形、年龄、性别、肤色、身高等自然特征，对于犯罪嫌疑人具有独有特征的部位，应采取遮盖或在陪衬人员身上复制该特征；在着装上，应尽可能保持一致。对于物品与陪衬物的相似，同样应该在物品大小、款式、色彩等外在特征上保持相似。需要指出的是，客体之间的相似性还应遵循一项基本标准，即与辨认人事先描述中的特征相吻合，尤其是辨认人描述的犯罪嫌疑人或物品所具有的独有特征，以此有效保证辨认结果的准确性。

第四，完善全面记录规则中的记录内容与方式。在刑事辨认程序中，对辨认过程全面记录的重要目的便在于为法庭审查辨认证据提供具体依据，记录内容应不仅包括辨认过程中相关人员的言行，辨认对象的设置等事项以及辨认的结果，也应包括辨认前辨认人所作出的事先描述。通过这些记录，法庭能够全面审查辨认程序是否合法，辨认结果是否真实等，从而对辨认证据的证据能力与证明力作出认定。同时，为了确保记录的完整性、真实性，诸多国家还规定了多种具体的记录方式，如拍摄视频、照相等能够直观反映辨认过程的手段。在我国，由于对辨认过程的记录以书面笔录为载体，在司法实践中，笔录中记录的内容相对简单，且难以完整、真实地还原辨认的全过程，为后续法庭审查辨认笔录增加了难度。

因此，对于刑事辨认程序的记录，检察机关与公安机关应该细化辨认笔录中的记录内容，并要求记录人员全面记录辨认程序中相关人员的言语、行为。同时，鉴于书面记录的缺陷，应建立对辨认程序录音录像制度，从而完整地记录辨认程序的全过程。

**（二）建立刑事辨认程序监督机制**

在刑事辨认实践中，尤其涉及犯罪嫌疑人的辨认程序中，之所以侦查人员违反辨认规则、强迫辨认等现象屡有发生，其中一项重要原因便在于在辨认程序中，侦查人员的行为缺少有效监督。虽然相关规定确立了见证人在场制度，但在实践中并未形成实质上的监督效果。

从国外刑事辨认程序监督机制来看，监督方式主要包括职权监督与社会监督两种。职权监督主要是指负责主导或指挥侦查活动的检察机关对辨认程序进行监督，如美国。在美国刑事司法系统中，检察机关在检警关系中处于主导地位，即刑事案件发生后，由检察官主导或指挥警方开展侦查活动。此种模式不仅能够提高侦查活动的效率，更为重要的是，通过对警察取证行为的规范、监督，检察官能够确保证据的法律效力，从而提高案件的定罪率。而作为在美国司法实践中具有较高证明力的辨认证据，检察官更要确保辨认程序的合法、规范。因此，在正式的辨认程序中，必须有检察官在场。①社会监督主要是指代表犯罪嫌疑人利益的律师、亲友等人在场对辨认程序进行监督。如前所述，在英美法系主要国家，犯罪嫌疑人的一项重要权利便是律师在场权，在英、澳等国家，犯罪嫌疑人还可以要求其朋友、合适成年人等参加辨认程序，其目的也在于对警方在主持辨认程序中的行为进行监督。

对于我国刑事辨认程序监督机制的重构，同样应采取职权监督与社会监督两种方式。就职权监督而言，在我国，检察机关依法享有对侦查活动监督的权力，因而其对刑事辨认程序的监督已具有法律上的依据。但在司法实践中，由于在侦查活动中检察机关与公安机关相对独立，检察机关并不是主导或指挥侦查的地位，导致其对侦查活动的监督多以事后监督为主。同时，侦查结束后，有关辨认的情况，公安机关仅以辨认笔

---

① 在美国内华达州，相关辨认规则中明确规定：任何列队辨认，若无地区检察官办事处成员在场，均不得进行。参见［美］乔恩·R. 华尔兹：《刑事证据大全》，何家弘等译，中国人民公安大学出版社2004年版，第242页。

录的形式移送至检察机关，使得检察机关仅凭辨认笔录并不能全面了解辨认的具体过程，难以进行有效审查。虽然有学者提出在我国建立检察引导侦查的检警关系模式，以此实现在刑事辨认程序中检察机关对辨认程序的监督，[①]但在现阶段，检警关系难以跳出相对独立的关系模式。并且，在我国，检察机关在自侦案件中同样行使侦查权力，由检察人员主持的辨认程序的监督同样难以通过职权监督予以解决。因此，笔者认为，现阶段我国刑事辨认程序监督机制的重构应以见证人在场制度为参照，确立代表犯罪嫌疑人利益的适当关系人在场制度的社会监督方式。需要指出的是，适当关系人的监督作用主要体现在两个方面：其一，对于辨认过程中出现的问题，如辨认对象设置不合理，适当关系人可以当场提出异议，从而由辨认程序主持者及时解决；其二，在辨认结束时，适当关系人同样需要在辨认笔录上签字，以此确保辨认的具体过程均被记录在笔录上，尤其是辨认程序的主持者的言行记录。如此，即使适当关系人当场不能发现其中存在的问题，诸如不当暗示、诱导等行为，也能保证在对辨认笔录的后续审查中发现这些问题，从而排除该证据作为认定案件事实的依据。

**（三）保障犯罪嫌疑人的合法权益**

在刑事诉讼中，侦查阶段是犯罪嫌疑人合法权益受到侵犯最为集中的阶段。为此，绝大多数国家均赋予了犯罪嫌疑人相关的诉讼权利，以防止国家权力的侵害。在我国，2012 年刑事诉讼法修改后，犯罪嫌疑人在侦查阶段的合法权益得到进一步保障，如辩护律师在侦查阶段“辩护人”地位的确定，讯问制度的完善等。因此，作为侦查措施的一种，在刑事辨认程序中，同样应对犯罪嫌疑人的合法权益给予充分的保障。针对前述具体问题，对于犯罪嫌疑人的权利保障主要包括两个方面：

一方面，在犯罪嫌疑人作为辨认人的辨认程序中，应明确犯罪嫌疑人有拒绝辨认的权利。如前所述，从刑事辨认证据的内容上讲，其内容是通过辨认对犯罪嫌疑人、作案工具等与犯罪有关的事实进行肯定性的认定，属于对犯罪嫌疑人不利的“有罪证据”。如同犯罪嫌疑人供述一样，犯罪嫌疑人作为辨认人对其他犯罪嫌疑人、与犯罪有关的物品和场

---

① 参见王佳著:《刑事辨认的原理与规制》,北京大学出版社 2011 年版,第 179 页。

所等对象的辨认程序，实质上是犯罪嫌疑人自证其罪的过程。对此，基于禁止强迫自证其罪的诉讼原则，在英美法系国家，犯罪嫌疑人并不属于辨认人的范围；在大陆法系国家，多数国家中同样并未规定犯罪嫌疑人作为辨认人对相关对象进行辨认。在我国，由于修改前的刑事诉讼法中并未规定这一原则，导致在司法实践中侦查机关强迫犯罪嫌疑人进行辨认的案例时有发生，由此而产生的错案也不在少数。因此，笔者认为，从理想的角度来说，在我国，犯罪嫌疑人同样应该从辨认人的主体范围内排除出去。但就现阶段而言，刑事辨认仍然在破案、定案中发挥着重要作用，因此在犯罪嫌疑人自愿的前提下，应允许其作为辨认人对其他犯罪嫌疑人及与犯罪有关的物品、场所等对象进行辨认。与此同时，为了防止侦查机关强迫其进行辨认的再次发生，也有必要明确犯罪嫌疑人拒绝辨认的权利。事实上，2012 年新《刑事诉讼法》第 50 条已确立了“不得强迫任何人证实自己有罪”的诉讼原则，犯罪嫌疑人拒绝辨认的权利显然也属于这一原则的应有之义。

另一方面，在对犯罪嫌疑人的辨认程序中，应赋予犯罪嫌疑人相关程序性权利，以保障其在辨认程序中的合法权益。由于照片辨认程序中犯罪嫌疑人本人并不亲自参与，因此，对犯罪嫌疑人的权利保障主要集中在列队辨认程序中。

第一，赋予犯罪嫌疑人适当关系人在场的权利。此处所指的“适当关系人”主要包括犯罪嫌疑人所选择的亲属、朋友、同事、辩护人等能够代表其利益的相关人员。虽然我国刑事辨认程序中已有见证人在场制度，但如前所述，见证人并不能完全代表犯罪嫌疑人的利益，在司法实践中，通常只是相对中立的第三人，甚至是辨认人的关系人或辨认主持者的同事，如此一来，见证人并不能发挥其监督辨认程序的作用。同时，在我国，侦查人员实施辨认程序时，犯罪嫌疑人身份尚未确认，其往往尚未聘请律师，如果仅限于英美法系一些国家的律师在场权，则难以体现该权利的实际意义。并且，在时间紧迫等特殊情形下，也无法在短时间内获得律师的帮助。

第二，赋予犯罪嫌疑人在列队中的位置选择权。在国外，为了防止侦查人员提前向辨认人暗示或告知犯罪嫌疑人的位置或编号，犯罪嫌疑人在列队辨认程序中享有选择位置的权利。对此，在我国刑事辨认程序中，同样应赋予犯罪嫌疑人这一权利。并且，在组成队列时，犯罪嫌疑人选择位置简便易行，具有较高的可行性，同时也能有效防止侦查人员对辨认人的不当暗示。

第三，赋予犯罪嫌疑人及其适当关系人提出异议的权利。在队列辨认过程中，对于陪衬人员的选择以及相应安排，犯罪嫌疑人及其适当关系人应享有提出异议的权利。通过提出异议，能够及时发现队列设置中的问题，在可行的情况下，辨认程序的主持者也能够及时予以解决，避免因该问题导致错误辨认的发生。例如，当犯罪嫌疑人与其他陪衬人员具有某一明显差异特征时，便容易引起辨认人的注意，从而可能作出错误的判断。同时，也能够避免因队列设置问题而导致刑事辨认证据被排除以及司法资源的浪费。

第四，赋予犯罪嫌疑人充分的知情权。其主要是指犯罪嫌疑人有权知悉辨认程序的相关事项。在辨认前，该权利对应的是侦查人员的事先告知义务，即侦查人员应将辨认的目的、具体形式，以及其所享有的权利告知犯罪嫌疑人。在辨认结束时，犯罪嫌疑人同样有权知悉辨认的结果，以便及时采取相应措施，如聘请律师或申请法律援助等。

## 第二节　我国刑事辨认的证据运用及其完善

### 一、我国刑事辨认证据运用的现状及其问题

在我国，2012 年刑事诉讼法修改前，刑事辨认证据并不具有法定的证据地位，但在司法实践中，与其作为非法定的侦查措施一样，刑事辨认证据已作为认定案件事实的证据得到广泛运用。当然，由于没有独立的证据地位，刑事辨认证据的运用通常依附于其他证据种类之中，如被害人或证人作出的辨认笔录，通常附于被害人陈述或证人证言之中。在学界，一些学者对这一做法表示赞同，提出将“辨认笔录分别纳入证人证言、被害人陈述、犯罪嫌疑人口供三种证据中，而不应将其作为案卷

中的其他证据材料”。[①]同时，还有学者建议在立法上将辨认笔录明确为“一种单独的诉讼证据形式”。[②]对此，笔者认为，从过去的司法实践来看，尤其是涉及错误辨认的错案中，我国刑事辨认证据运用的关键问题不在其是否具有独立的证据地位或者应该归属于哪一类证据，而是由于没有明确其证据地位而导致立法中缺少专门针对刑事辨认证据的审查机制。正如本文绪论中所述，错误辨认与错案之间的逻辑关系包括两方面内容：其一，错误辨认导致其证据是错误的；其二，错误的刑事辨认证据被法庭采纳。而错误的刑事辨认证据被法庭采纳所反映出来的问题便是法庭未能对其进行有效审查。事实上，在这些错案中，错误辨认的诸多问题均十分明显，如违反辨认规则、刑讯逼辨等，但最终这些错误的刑事辨认证据均被法庭采纳，在一些案件中，甚至一审、二审法庭均采纳了这些错误的证据。可以说，正是因为缺少有效的、针对性的审查机制，加之辨认笔录这一证据形式的内在缺陷，使得法庭难以对刑事辨认证据的证据能力与证明力进行有效审查，从而导致这些证据中的错误没有被发现而被采纳为认定案件事实的依据，最终导致冤错案件的发生。

2010 年，最高人民法院、最高人民检察院、公安部、国家安全部、司法部联合发布了《关于办理死刑案件审查判断证据若干问题的规定》，其中便首次确立了针对刑事辨认证据的审查机制以及相关证据规则。第一，刑事辨认证据的审查内容。《死刑案件证据规定》第 30 条第 1 款规定，“侦查机关组织的辨认，存在下列情形之一的，应当严格审查，不能

---

① 这些学者认为，辨认笔录中的辨认主体与证人证言、被害人陈述、犯罪嫌疑人口供三种证据提供主体完全相同。在内容上，上述三种证据与三种辨认笔录的内容有诸多相似，无论是主体、待证事实，还是与案件事实的相关性，均是一脉相承。仅仅是在获取的形式上、参与组织的过程中等外在表现方面存在差异，但无法掩盖彼此之间的内在一致性，即均是对同一待证事实的证明。参见宗森、孙朝晖：《辨认笔录的证据归类》，《人民检察》2003 年第 7 期，第 58 页。

② 该学者认为，辨认证据与证人证言、被害人陈述、犯罪嫌疑人口供三种证据的共性并不能掩盖辨认证据的特殊属性，辨认笔录是辨认人对既往的感知回忆以及在回忆基础上判断后得出的结论，辨认过程是在有参照物的情况下进行的再认；而证人证言、被害人陈述则仅仅是证人、被害人对其经历的一种回忆。因而，在性质上，辨认笔录与证人证言、被害人陈述是有本质差异的；将辨认证据纳入证人证言、被害人陈述、犯罪嫌疑人口供三种证据的范畴中，会造成证人证言、被害人陈述、犯罪嫌疑人口供三种证据的泛化，从而淹没了其本身原始的质的规定性。参见杨雄：《刑事辨认证据规则初探》，《江西公安专科学校学报》2006 年第 1 期，第 59 页；参见史社军：《论我国侦查辨认制度的构建》，《北京人民警察学院学报》2007 年第 4 期，第 7 页；何雷：《侦查辨认制度的实践反思与立法完善》，《中国人民公安大学学报》（社会科学版）2008 年第 3 期，第 113 页。

确定其真实性的，辨认结果不能作为定案的根据……”。根据该款规定，刑事辨认证据的审查内容为两项：辨认程序的合法性与辨认结果的真实性。在笔者看来，从文本结构上来看，辨认结果的真实性是审查的根本内容。这是因为：从逻辑关系上看，“不能确定其真实性的”推导出“辨认结果不能作为定案的根据”；反之，则为“辨认结果作为定案的根据”推导出“能够确定其真实性”，而与其是否存在程序违法的情形没有直接的逻辑关系。也就是说，当法庭不能确定辨认结果的真实性，同时也存在程序违法的情形，则该证据不能作为定案的根据；当存在程序违法的情形，但辨认结果是真实的，则能将其作为定案的根据；而程序违法仅是“应当严格审查”的前提条件。因此，审查刑事辨认证据的根本内容在于辨认结果的真实性。第二，刑事辨认证据的排除规则。对于辨认结果不真实，且存在程序违法的刑事辨认证据，该条第 1 款也确立了相应的排除规则，即对于存在法定情形的刑事辨认，其辨认结果不具有证据能力。具体情形如下：“（一）辨认不是在侦查人员主持下进行的；（二）辨认前使辨认人见到辨认对象的；（三）辨认人的辨认活动没有个别进行的；（四）辨认对象没有混杂在具有类似特征的其他对象中，或者供辨认的对象数量不符合规定的；尸体、场所等特定辨认对象除外。（五）辨认中给辨认人明显暗示或者明显有指认嫌疑的。”可以看见，这些情形集中体现为对相关辨认规则的违反，从而导致辨认结果失去其作为证据的证据能力。第三，刑事辨认证据的补强规则。根据该条第 2 款的有关规定，对于辨认程序存在瑕疵的辨认结果，通过办案人员的补正或者作出合理解释的，可以作为证据使用。其程序瑕疵的情形包括：“（一）主持辨认的侦查人员少于二人的；（二）没有向辨认人详细询问辨认对象的具体特征的；（三）对辨认经过和结果没有制作专门的规范的辨认笔录，或者辨认笔录没有侦查人员、辨认人、见证人的签名或者盖章的；（四）辨认记录过于简单，只有结果没有过程的；（五）案卷中只有辨认笔录，没有被辨认对象的照片、录像等资料，无法获悉辨认的真实情况的。”需要指出的是，在《死刑案件证据规定》中，刑事辨认证据没有作为独立的证据形式单独予以规定，而是同电子证据、破案经过说明等材料共同列举在“其他规定”中，这也说明该规定仍未将刑事辨认证据视为单独的证据种类。

随着2012年刑事诉讼法的修改，新《刑事诉讼法》第48条正式确立了辨认笔录的证据地位，有关其证据地位或归类的问题也得以解决。同时，在参照《死刑案件证据规定》的基础上，最高人民法院在新《刑诉解释》中也相应规定了包括死刑案件在内的各类刑事案件中刑事辨认证据的审查及排除规则。根据《刑诉解释》第90条的规定，法庭对辨认笔录的审查内容包括辨认的过程、方法，以及辨认笔录的制作是否符合相关规定。同时，对于存在以下情形的辨认笔录，法庭应予以排除："（一）辨认不是在侦查人员主持下进行的；（二）辨认前使辨认人见到辨认对象的；（三）辨认活动没有个别进行的；（四）辨认对象没有混杂在具有类似特征的其他对象中，或者供辨认的对象数量不符合规定的；（五）辨认中给辨认人明显暗示或者明显有指认嫌疑的；（六）违反有关规定、不能确定辨认笔录真实性的其他情形。"需要指出的是，从审查的具体内容上讲，虽然前五项均是对违反辨认程序的辨认笔录的排除，但从第（六）项的兜底条款中可以发现，辨认笔录的排除同样以其真实性作为条件之一，即当程序违法与结果不真实同时存在时，辨认笔录才丧失其证据能力。

然而，正如前文所述，由于辨认笔录这一证据形式的内在缺陷，即文字形式无法保证记录的完整性，使得在审查过程中并不能有效发现辨认程序中所存在的问题，尤其是办案人员在主持辨认程序中的不当暗示、诱导、甚至强迫辨认等行为，从而同样可能导致错误的辨认结果仍被法庭采纳。并且，相比其他笔录类证据，辨认笔录是对辨认人"主观"辨认行为的记录，从根本上并不能有效保证辨认人作出辨认行为的真实性，其既可能会因为辨认人有意作出虚假辨认，也可能因为辨认人感官识别能力、记忆能力的瑕疵，导致其辨认行为的真实性发生偏差，而这种偏差难以仅通过审查书面记录发现。可以说，这一问题的存在，仍然会影响法庭对刑事辨认证据的有效审查。在笔者看来，虽然新《刑诉解释》以及《死刑案件证据规定》中确立了刑事辨认证据的排除规则以及适用排除规则的相关情形，但如果法庭不能通过审查发现这些情形，依然无法实现对刑事辨认证据的实质审查。

## 二、我国刑事辨认证据运用的完善

综上所述，为了实现对刑事辨认证据的有效审查，充分发挥其作为证据的定案价值，对于我国刑事辨认的证据运用还应从三个方面予以完善。

首先，建立辨认人出庭作证制度。如前所述，在英美法系主要国家的司法实践中，辨认人在审前作出辨认后，还应当在庭审中进行当庭辨认，并以证言的形式将辨认结果告知法庭。从证据的内容上看，不管是证人证言还是辨认笔录，其内容均是辨认的结果，二者的区别仅限于证据形式的差异。但是，形式的差异并不是两种不同形式证据利弊的决定因素。就刑事辨认证据而言，不同的证据形式直接影响着法庭、控辩双方对其审查方式的不同。尤其对辩方来说，通过辨认人出庭作证，被告人及其辩护人可以充分行使其质证权。基于此点，英美等国均要求辨认人出庭作证，并通过控辩双方的交叉询问来实现对该证言的有效质证。正如美国证据法学家威格莫尔所言："为发现真情，人类迄今发明的最伟大的法律发动机，毫无疑问应当是交叉询问。"同时，辨认人出庭作证，也可让法庭能够直接观察辨认人并有助于判断其辨认结果的真实性。在英国学者理查德·梅看来，辨认人是否出庭，直接关系到公正审判的实现。①

相比之下，从审查方式来看，辨认笔录这一证据形式则无法满足辩方对该证据的有效质证，交叉询问更无从谈起；而对法庭来说，无论是陪审员还是法官，均只能通过文字记录对辨认结果进行审查，难以发挥证据审查的实质作用。正是由于辨认笔录所存在的弊端，在我国长期的司法实践中，法庭对于辨认笔录的审查往往流于形式，辩方也难以通过辨认笔录对其进行有效的质证。同时，由于我国证人出庭作证的比例较低，辩方更难以在庭审中专门就刑事辨认结果对证人进行询问，从而进一步加大了法庭对刑事辨认证据审查的难度。因此，在今后的司法实践中，我国同样应建立辨认人出庭作证的制度，确保辩方能够在庭审中对

---

① 在他看来，辨认人不能出庭作证，其结果是：(1)陪审团没有机会听、观察辨认证人的作证；(2)被告人也失去交叉询问该证人的机会。这些都会违反被告人应得到公正审判的原则。参见[英]理查德·梅：《刑事证据》，王丽、李贵方等译，法律出版社2007年版，第457页。

其进行询问以充分发挥其质证的权利。事实上，2012 年新《刑事诉讼法》对我国证人出庭作证制度已作出进一步完善，不管是在证人出庭的人身保护、物质保障等方面，还是证人出庭的强制性规范，均有利于提高证人出庭作证的比例。而刑事辨认中的辨认人一般也是案件中的证人、被害人，同样需要出庭作证，因此，确立辨认人出庭作证制度已具有法律上的依据。同时，在笔者看来，辨认人出庭作证的意义更在于确保控辩双方，尤其是被告人及其辩护人在庭审中专门就刑事辨认相关内容对辨认人进行询问，以此实现对刑事辨认证据的有效质证。

其次，确立对刑事辨认证据的全面审查规则。在我国，刑事辨认均发生在审前的侦查阶段，由于法官并不参与辨认程序，因而对刑事辨认证据的审查只能依据辨认笔录等相关资料。根据新《刑诉解释》第 90 条的规定，法庭对刑事辨认证据的审查主要集中在辨认的过程、方法以及辨认笔录。由此可知，在新《刑事诉讼法》适用下的庭审中，法庭对刑事辨认证据的审查内容主要为辨认程序的过程以及辨认结束后制作的辨认笔录，而对辨认前的相关事项，尤其是办案人员对辨认人事先询问的有关内容，并不在审查的范围之内；而《刑诉规则》与《刑诉规定》也仅要求在辨认笔录中记录辨认的情况或辨认的经过和结果，同样没有要求对辨认前的相关事项进行审查。对此，笔者认为，在一定意义上，辨认人在辨认前经询问所作的对犯罪嫌疑人或物品等对象的特征描述，以及对案发时现场环境的陈述，更能充分、全面地反映辨认人感知、记忆的准确性。事实上，在英、美等国，相关法律也明确规定警方在辨认前必须对辨认人进行仔细询问，并将其陈述予以记录，其目的便在于帮助法庭全面了解辨认人作出辨认的主要依据，判断其辨认结果的准确性。并且，辨认人在辨认前对犯罪嫌疑人或物品等对象的特征描述，也是在辨认程序中设置辨认对象的主要参考，通过对这一内容的审查，也能帮助法庭有效发现辨认对象设置中可能存在的问题。此外，在英美等国，警方在询问过程中，还会了解辨认人在案发后、辨认前是否从其他渠道看见或知悉犯罪嫌疑人的身份等案件信息，从而确保辨认人仅依据自己的感官记忆而作出辨认结果。因此，就刑事辨认证据的审查内容而言，我国同样应确立全面审查规则，即，既包括对辨认过程与结果的审查，也应审查辨认前的相关事项，如辨认人对于客体的特征描述，以及辨认前是否受到其他信息源的影响等，从而有助于法庭在全面审查刑事辨认证据的基础上，对其作出准确判断。同时，作为全面审查规则的配套机制，在今后的刑事辨认程序中，应明确办案人员对辨认人事先陈述的具体内容予以记录并提交至法庭。而鉴于书面记录方式的内在缺陷，应进一步扩大对辨认录音录像制度的适用范围。尤其在列队辨认程序中，应全面实施录音录像制度，以此确保相关记录的完整性、真实性，并将录制好的资料附于辨认笔录之中。

最后，完善刑事辨认证据的补强规则。一方面，根据《死刑案件证据规定》第 30 条第 2 款的规定，在死刑案件中，对于存在法定情形的刑事辨认证据，在办案人员补正或作出合理解释后，辨认结果仍可以作为证据使用。对此，笔者认为，仅依靠办案人员的补正或解释并不能实现对刑事辨认证据证据能力的补强。如前所述，从该条第 1 款可知，对于刑事辨认证据的证据能力审查的根本内容在于其辨认结果的真实性，而第 2 款中所列情形虽然是辨认程序中出现的瑕疵，但在一定程度上仍有可能影响辨认结果的真实性，例如，在第 2 款第 2 项关于“没有向辨认人详细询问辨认对象的具体特征”的情形下，辨认程序的主持者无法依据辨认人的描述而选择合适的辨认对象，从而可能导致辨认人作出错误的选择；并且，也无法知悉辨认人是否已准确地感知、记忆相关辨认对象，而这也决定了辨认人是否能够作出准确的辨认。因此，对于存在程序瑕疵的刑事辨认证据，应明确检察机关对于辨认结果真实性的证明责任，如出示相关记录、录音录像资料等，而不应仅要求办案人员通过补正或合理解释来补强其证据能力。另一方面，如前所述，新《刑事诉讼法》确立了辨认笔录独立的证据地位，使得辨认笔录不再依附于犯罪嫌疑人供述、被害人陈述、证人证言而单独使用，这也就造成在司法实践中，可能出现对新《刑事诉讼法》第 53 条所规定的“只有被告人供述，没有其他证据的，不能认定被告人有罪和处以刑罚”的规避；同时，鉴于刑事辨认因内外在因素影响而产生的价值风险，笔者认为，对于刑事辨认证据，同样应建立其证明力的补强规则，即在刑事案件中，只有辨认人的辨认笔录，或者只有辨认人的辨认笔录及其供述、陈述或者证言的，不得认定被告人有罪。

# 结　论

在刑事诉讼中，刑事辨认是一项查明案件事实、收集定案证据的有效措施，在各国司法实践中也已得到广泛运用。虽然各国对于刑事辨认的法律定位不尽相同，但其在各国刑事司法中均发挥着重要的破案价值与定案价值。当然，由于刑事辨认是以人的感官、记忆为依据，在此过程中，其结果的准确性易受到个体的感官记忆能力、环境因素以及辨认程序等内外在因素的影响，使其在具有重要诉讼价值的同时，存在着一定的诉讼风险，甚至直接导致了大量冤错案件的发生。在一些国家，错误辨认甚至已成为冤错案件发生的最主要原因。在我国，由于刑事辨认自身存在的缺陷，以及刑事辨认程序设置与证据运用中存在的问题，同样导致了一些刑事冤错案件的发生。虽然错误辨认并非我国刑事冤错案件发生的最主要原因，但对司法实践来说，其仍然带来了巨大的诉讼风险，稍有不慎，便可能引发新的冤错案件。

当前，在防止冤错案件的背景下，我国刑事辨认的完善同样应成为新一轮司法改革的重要一环。首先，明确刑事辨认的法律定位。在我国的现行诉讼模式中，刑事辨认无疑是侦查机关查明案件事实、收集定案证据的侦查措施。这一定位并非仅是将刑事辨认纳入侦查权的范畴，其目的更在于将侦查机关实施刑事辨认的行为纳入刑事诉讼权力制约与监督的体系中，从而有效保障犯罪嫌疑人的合法权益。其次，认清刑事辨认的诉讼价值与风险。在发挥刑事辨认破案价值、定案价值的同时，也应该认清其中存在的诉讼风险，以及造成风险的内外在影响因素，从而在发挥其价值的同时，有效规避其在司法实践中带来的风险。最后，确定完善刑事辨认的路径。一方面，完善刑事辨认的程序设置。通过健全刑事辨认规则体系、建立刑事辨认程序监督机制以及保障犯罪嫌疑人合法权益，确保刑事辨认结果不发生错误；另一方面，完善刑事辨认的证据运用。通过建立辨认人出庭作证制度、确立刑事辨认证据全面审查规则以及完善刑事辨认证据补强规则，来防止错误的刑事辨认证据被法庭采纳。

# 参考文献

## 一、中文文献

### （一）专著

1. 陈光中主编：《刑事诉讼法》（第五版），北京大学出版社 2013 年版。

2. 陈瑞华：《看得见的正义》（第二版），北京大学出版社 2013 年版。

3. 樊崇义等：《正当法律程序研究——以刑事诉讼程序为视角》，中国人民公安大学出版社 2005 年版。

4. 郭晓彬主编：《侦查策略与措施》，法律出版社 2000 年版。

5. 何家弘、刘品新：《证据法学》，法律出版社 2004 年版。

6. 何家弘主编：《证据法学研究》，中国人民大学出版社 2007 年版。

7. 何理主编：《侦查措施教程》，警官教育出版社 1999 年版。

8. 林喜芬：《两个证据规定与证据排除规则》，中国人民公安大学出版社 2011 年版。

9. 林钰雄：《干预处分与刑事证据》，北京大学出版社 2010 年版。

10. 罗大华：《证人证言心理》，群众出版社 1992 年版。

11. 马海舰：《刑事侦查措施》，法律出版社 2006 年版。

12. 王佳：《刑事辨认的原理与规制》，北京大学出版社 2011 年版。

13. 王进喜：《美国〈联邦证据规则〉（2011 年重塑版）条解》，中国法制出版社 2012 年版。

14. 王以真：《外国刑事诉讼法》，北京大学出版社 2004 年版。

15. 吴江霖、戴健林、陈卫旗：《社会心理学》，广东高等教育出版社 2004 年版。

16. 宋英辉、汤维建：《证据法学研究述评》，中国人民公安大学出版社 2006 年版。

17. 徐立根主编：《侦查学》，中国人民大学出版社 1991 年版。

18. 杨秉发主编：《刑事侦查学》，当代世界出版社 2000 年版。

19. 孟宪文主编：《刑事侦查学》，中国人民公安大学出版社 2004 年版。

20. 张公正、程军伟主编：《新编刑事侦查学》，陕西人民出版社 2000 年版。

21. 赵永琛：《刑事侦查学理论研究综述》，群众出版社 2002 年版。

**（二）译著**

1. ［英］克里斯托弗·艾伦：《英国证据法实务指南》（第四版），王进喜译，中国法制出版社 2012 年版。

2. ［英］戴维·M. 沃克：《牛津法律大辞典》，李双元等译，法律出版社 2003 年版。

3. ［美］戴维·迈尔斯：《社会心理学》，侯玉波、乐国安、张智勇等译，人民邮电出版社 2006 年版。

4. ［美］Elliot Aronson，Timothy Wilson，Robin Aket：《社会心理学》（第五版），侯玉波等译，中国轻工业出版社 2005 年版。

5. ［美］约翰·罗尔斯著：《正义论》，何怀宏等译，中国社会科学出版社 1988 年版。

6. ［俄］K. ф. 古岑科主编：《俄罗斯刑事诉讼教程》，黄道秀、王志华、崔熳、丛凤玲译，中国人民公安大学出版社 2007 年版。

7. ［德］克劳思·罗科信：《刑事诉讼法》（第 24 版），吴丽琪译，法律出版社 2003 年版。

8. ［法］勒内·弗洛里奥：《错案》，赵淑美、张洪竹译，法律出版社 2013 年版。

9. ［英］理查德·梅：《刑事证据》，王丽、李贵方等译，法律出版社 2007 年版。

10. ［美］罗纳德·J. 艾伦、理查德·B. 库恩斯、埃莉诺·斯威夫特：《证据法：文本、问题和案例》（第三版），张保生、王进喜、赵滢译，高等教育出版社 2006 年版。

11. ［英］M. W. 艾森克、［爱尔兰］M. T. 基恩：《认知心理学》，高定国、肖晓云译，华东师范大学出版社 2004 年版。

12. ［美］米尔吉安·R. 达马斯卡：《比较法视野中的证据制度》，吴宏耀、魏晓娜译，中国人民公安大学出版社 2006 年版。

13. ［美］乔恩·R. 华尔兹：《刑事证据大全》，何家弘等译，中国人民公安大学出版社 2004 年版。

14. ［美］伟恩·R. 拉费弗等：《刑事诉讼法》（上册），卞建林、沙丽金等译，中国政法大学出版社 2003 年版。

15.《澳大利亚联邦证据法》，王进喜译，中国法制出版社 2013 年版。

16.《俄罗斯联邦刑事诉讼法典》，黄道秀译，中国人民公安大学出版社 2006 年版。

17.《美国联邦刑事诉讼规则和证据规则》，卞建林译，中国政法大学出版社 1996 年版。

18.《意大利刑事诉讼法典》，黄风译，中国政法大学出版社 1994 年版。

**（三）期刊**

1. 陈光中等：《论刑事诉讼中的证据裁判原则——兼谈〈刑事诉讼法〉修改中的若干问题》，《法学》2011 年第 9 期。

2. 邓陕峡：《我国刑事笔录类证据制度探析》，《证据科学》2013 年第 1 期。

3. 封利强：《论我国证据审查模式的选择》，载《第二届证据理论与科学国际研讨会论文集》（上卷），中国政法大学出版社 2009 年版。

4. 韩旭：《辨认笔录证据能力问题研究——以新〈刑事诉讼法〉为视角》，《证据科学》2012 年第 2 期。

5. 何雷：《侦查辨认制度的实践反思与立法完善》，《中国人民公安大学学报》（社会科学版）2008 年第 3 期。

6. 何宏杰、吕宏庆：《日本预防刑事错案的系列改革》，《人民法院报》2013 年 5 月 17 日第 5 版。

7. 何恬：《对目击人辨认的心理分析》，《江苏公安专科学校学报》

1997年第5期。

8．姜丽娜：《目击证人辨认研究综述》，《心理科学》2007年第1期。

9．李子云：《试论刑事侦查中的辨认》，《法学研究》1985年第5期。

10．梁坤：《宪法权利视角下的美国目击者辨认证据规则》，《证据科学》2009年第4期。

11．林晖：《辨认笔录的审查要点》，《检察日报》2013年5月8日第11版。

12．刘黎明：《完善辨认证据效力之构想——从佘祥林杀妻冤案说开》，《政法学刊》2005年第5期。

13．刘丽娜：《司法辨认的心理机制及相关诉讼规则研究》，《人民检察》1998年第12期。

14．刘新魁：《论人身辨认（一）——人身辨认的科学依据》，《中国人民公安大学学报》1987年第1期。

15．龙宗智：《论建立以一审庭审为中心的事实认定机制》，《中国法学》2010年第2期。

16．马明亮：《笔尖上的真相——解读刑事诉讼法新增笔录类证据》，《政法论坛》2014年第2期。

17．米建中：《对刑事被告人的列队辨认》，《河南公安学刊》1992年第2期。

18．史社军：《论我国侦查辨认制度的构建》，《北京人民警察学院学报》2007年第4期。

19．宋英辉、李哲：《证据裁判原则评价》，《政法论坛》2003年第4期。

20．苏彦捷、孙金鑫：《反馈对目击证人辨认信心的影响》，《心理与行为研究》2003年第1期。

21．孙长永：《审判中心主义及其对刑事程序的影响》，《现代法学》1999年第8期。

22．孙金鑫、王刚：《如何使目击证人进行有效辨认》，《公安教育》2001年第3期。

23. 田小穹:《论辨认的法律属性及其结论的证据能力》,《山东警察学院学报》2011 年第 6 期。

24. 谢鹏:《刑事侦查中辨认的缺陷与司法危险》,《广西公安管理干部学院学报》1999 年第 2 期。

25. 杨雄:《刑事辨认证据规则初探》,《江西公安专科学校学报》2006 年第 1 期。

26. 张泽涛:《目击者指证错误的原因分析及其防范》,《中国刑事法杂志》2002 年第 4 期。

27. 周国均:《关于刑事辨认之研究》,《法律科学》1993 年第 6 期。

28. 宗淼、孙朝晖:《辨认笔录的证据归类》,《人民检察》2003 年第 7 期。

29. 左德起、谭淼:《辨认结论的证据效力及其取证程序研究》,《牡丹江师范学院学报》2005 年第 3 期。

## 二、英文文献

1. Alfred Demaris, Meredith Pugh, Erika Harman, "Sex Differences in the Accuracy of Recall of Witnesses of Portrayed Dyadic Violence", *Journal of Marriage and Family*, Vol. 54, No. 2, May, 1992, pp. 335-345.

2. Amina Memon, Lorraine Hope, Ray Bull, "Exposure Duration: Effects on Eyewitness Accuracy and Confidence", *British Journal of Psychology*, 94, 2003, pp. 339-354.

3. Arye Rattner, "Convicted but Innocent: Wrongful Conviction and the Criminal Justice System", *Law and Human Behavior*, Vol. 12, No. 3, Sep., 1988, p. 291.

4. Bem P. Allen, D. Stephen Lindsay, "Amalgamations of Memories: Intrusion of Information from One Event into Reports of Another", *Applied Cognitive Psychology*, Vol. 12, 1998, pp. 277-285.

5. Brandon L. Garrett, *Convicting the Innocent: Where Criminal Prosecutions Go Wrong*, Harvard University Press, 2011, p. 9.

6. Brian L. Cutler, Steven D. Penrod, Todd K. Martens, "The Reliability of

Eyewitness Identification:The Role of System and Estimator Variables", *Law and Human Behavior*,Vol. 11,No. 3,Sep. ,1987,pp. 233-258.

7. Carolyn Adams-Price, "Eyewitness Memory and Aging:Predictors of accuracy in recall and person recognition",*Psychology and Aging*,7,pp. 602-608.

8. C. A. Elizabeth Brimacombe,Sandy Jung,Lynn Garrioch,Meredith Allison,"Perceptions of Older Adult Eyewitnesses:Will You Believe Me When I'm 64?",*Law and Human Behavior*,Vol. 27,No. 5,Oct. ,2003,pp. 507-522.

9. Christine M. Ricci,Carole R. Beal,Dawn J. Dekle,"The Effect of Parent versus Unfamiliar Interviewers on Children's Eyewitness Memory and Identification Accuracy", *Law And Human Behavior*, Vol. 20, No. 5, Oct. , 1996, pp. 483-500.

10. Daniel B. Wright,Joanne N. Stroud,"Age Differences in Lineup Identification Accuracy:People Are Better with Their Own Age",*Law and Human Behavior*,Vol. 26,No. 6,Dec. ,2002,pp. 641-654.

11. Daniel Yarmey,"Adult Age and Gender Differences in Eyewitness Recall in Field Settings",*Journal of Applied Social Psychology*,23,1993,pp. 1921-1932.

12. Edwin M. Borchard,*Convicting the Innocent:Sixty-Five Actual Errors of Criminal Justice*,New Jersey:Doubleday,1932.

13. Elizabeth B. Rush,etc. ,"Stress,Interviewer Support,and Children's Eyewitness Identification Accuracy",*Child Development*, Volume 85,May/June 2014,pp. 1292-1305.

14. Francis T. ,Durso,*Handbook of Applied Cognition*, John Wiley & Sons Ltd. 1999,pp. 805-806.

15. Gail S. Goodman,Bette L. Bottoms,Leslie Rudy,Suzanne L. Davis,Beth M. Schwartz-Kenney,"Effects of Past Abuse Experiences on Children's Eyewitness Memory", *Law and Human Behavior*, Vol. 25, No. 3, Jun. , 2001, pp. 269-298.

16. H. Schmolck,E. A. Buffalo,L. R. Squire,"Memory Distortions Develop over Time:Recollections of the O. J. Simpson Trial Verdict after 15 and 32 Months",*Psychological Science*,Vol. 11,January 2000,pp. 39-45.

17. Harmon M. Hosch, D. Steven Cooper, "Victimization as a Determinant of Eyewitness Accuracy", *Journal of Applied Psychology*, Vol. 67, 1982, p. 649.

18. June E. Chance, Alvin G. Goldstein, L. Mcbride, "Differential Experience and Recognition Memory for Faces", *Journal of Social Psychology*, 97, 1975, pp. 243-253.

19. John F. Cross, Jane Cross, James Daly, "Sex, Race, Age, and Beauty as Factors in Recognition of Faces", *Perception and Psychophysics*, 10 (6), 1971, pp. 393-396.

20. J. W. Shepherd, J. B. Deregowski, H. D. Ellis, "A Cross-Cultural Study of Recognition Memory for Faces", *International Journal of Psychology*, 1974, pp. 205-211.

21. John C. Brigham, Paul Barkowitz, "Do 'They All Look Alike?' The Effect of Race, Sex, Experience and Attitudes on the Ability to Recognize Faces", *Journal of Applied Social Psychology*, 1978, pp. 306-318.

22. John Mueller, Michael Carlomusto, Alvin G. Goldstein, "Orienting Task and Study Time in Facial Recognition", *Bulletin of the Psychonomic Society*, Vol. 11 (5), 1978, pp. 313-316.

23. Judith List, "Age and Schematic Differences in the Reliability of Eyewitness Testimony", *Developmental Psychology*, Vol. 22, 1986, pp. 50-57.

24. Julien Gross, Harlene Hayne, "Eyewitness Identification by 5-to 6-Year-Old Children", *Law and Human Behavior*, Vol. 20, No. 3, Jun., 1996, pp. 359-373.

25. June E. Chance, Alvin G. Goldstein, "Face-Recognition Memory: Implications for Children's Eyewitness Testimony", *Journal of Social Issues*, Vol. 40, No. 2, 1984, p. 70.

26. Kenneth A. Deffenbacher, Brian H. Bornstein, Steven D. Penrod, E. Kiernan Mcgorty, "A Meta-Analytic Review of the Effects of High Stress on Eyewitness Memory", *Law and Human Behavior*, Vol. 28, No. 6, Dec., 2004, p. 687.

27. Maggie Bruck, Stephen J. Ceci, "The Suggestibility of Young Children", *Current Directions in Psychological Science*, Vol. 6, No. 3, Jun., 1997,

pp. 75-79.

28. Marcia K. Johnson, Shahin Hashtroudi, D. Stephen Lindsay, "Source Monitoring", *Psychological Bulletin*, Vol. 114, July 1993, pp. 11-28.

29. Mark R. Kebbell, Rebecca Milne, "Police officers' Perceptions of Eyewitness Performance in Forensic Investigation", *Journal of Social Psychology*, 138, 1998, pp. 323-330.

30. Maria S. Zaragoza, Michael McCloskey, "Misleading Postevent Information and Recall of the Original Event: Further Evidence against the Memory Impairment Hypothesis", *Journal of Experimental Psychology: Learning, Memory and Cognition*, Vol. 13, 1987, p. 36.

31. Marivic A. Bonto, David G. Payne, "Role of Environmental Context in Eyewitness Memory", *The American Journal of Psychology*, Vol. 104, 1991, pp. 117-119.

32. Michael H. Hoffheimer, "Requiring Jury Instructions on Eyewitness Identification Evidence at Federal Criminal Trials", *The Journal of Criminal Law and Criminology*, Vol. 80, No. 3, Autumn, 1989, p. 615.

33. Nancy Steblay, Jennifer Dysart, Solomon Fulero, R. C. L. Lindsay, "Eyewitness Accuracy Rates in Sequential and Simultaneous Lineup Presentations: A Meta-Analytic Comparison", *Law and Human Behavior*, Vol. 25, No. 5, October 2001, pp. 459-473.

34. Omar M. Mahmood, Joanna Jacobus, Sunita Bava, Anthony Scarlett, Susan F. Tapert, "Learning and Memory Performances in Adolescent Users of Alcohol and Marijuana: Interactive Effects", *Journal of Studies on Alcohol and Drugs*, Nov. 2010, p. 885.

35. Peter Powers, Joyce andriks, Elizabeth Loftus, "Eyewitness Accounts of Females and Males", *Journal of Applied Psychology*, Vol. 64, No. 3, 1979, pp. 339-347.

36. R. S. Malpass, H. Lavigueur, D. E. Weldon, "Verbal and Visual Training in Face Recognition", *Perception and Psychophysics*, 14, 1973, pp. 285-292.

37. R. Klorman, R. P. Weissberg, A. R. Wiesenfeld, "Individual Differences in Fear and Autonomic Reactions to Affective Stimulation", *Psychophysiology*,

14,1977,pp.45-51.

38. R. C. L. Lindsay, Gary L. Wells, Carolyn M. Rumpel, "Can People Detect Eyewitness-Identification Accuracy Within and Across Situations?", *Journal of Applied Psychology*, Vol. 66, No. 1, 1981, pp. 79-89.

39. Samuel R. Gross, Kristen Jacoby, Daniel J. Matheson, etc., "Exonerations in the United States 1989 through 2003", *Journal of Criminal Law and Criminology*, Vol. 95, No. 2, Winter, 2005, p. 542.

40. Stephen J. Ceci, etc., *Children's Eyewitness Memory*, New York: Springer-Verlag, 1987.

41. Stephen J. Ceci, Maggie Bruck, "The Suggestibility of the Child Witness: A Histotical Review and Synthesis", *Psychological Bulletin*, 113, 1993, pp. 403-439.

# 索　引

## B

## C



## D



## H



## J



## K



## M



## Q



## R



## S

## T



## X



## Y



## Z

# 第六批《中国社会科学博士后文库》专家推荐表1

| 推荐专家姓名 | 冀祥德 | 行政职务 | 主任 |
|---|---|---|---|
| 研究专长 | 刑事法学、证据法学、司法制度学、实证法学、法律教育学 | 电　话 | 13701165788 |
| 工作单位 | 中国地方志指导小组办公室 | 邮　编 | 100021 |
| 推荐成果名称 | 论刑事辨认 | | |
| 成果作者姓名 | 陈效 | | |

（对书稿的学术创新、理论价值、现实意义、政治理论倾向及是否达到出版水平等方面做出全面评价，并指出其缺点或不足）

刑事辨认是查明案件事实、获取证据的一项重要措施。同时，由于刑事辨认自身存在的缺陷，刑事辨认程序的瑕疵，以及侦查机关在辨认程序中的不当行为等因素的影响，导致刑事辨认的结果发生错误，进而导致法庭因错误认定案件事实而作出错误裁判。在国内外长期的刑事司法实践中，因错误辨认而产生的冤错案件屡有发生。在我国，错误辨认同样是导致错案发生的一项重要原因之一。因此，在深化司法体制改革、防范冤错案件的背景下，对我国刑事辨认相关问题展开研究仍具有积极的现实意义。

该书稿首先通过梳理错误辨认与冤错案件之间的逻辑关联，厘清预防刑事辨认错误的两个重要方向：刑事辨认程序的完善、刑事辨认证据的审查；在系统考察国内外刑事辨认程序、规则以及刑事辨认证据审查等方面的立法、司法现状后，对我国刑事辨认程序完善与刑事辨认证据审查两个重要问题予以深入探讨，并就相关具体问题提出相应对策。总体而言，该书稿在研究体例上具有一定的学术创新，在内容上已达到出版水平。

签字：

2017年1月17日

**说明**：该推荐表由具有正高职称的同行专家填写。一旦推荐书稿入选《博士后文库》，推荐专家姓名及推荐意见将印入著作。

# 第六批《中国社会科学博士后文库》专家推荐表 2

| | | | |
|---|---|---|---|
| 推荐专家姓名 | 顾永忠 | 行政职务 | 教授 |
| 研究专长 | 诉讼法学、刑法学 | 电　话 | 19810537575 |
| 工作单位 | 中国政法大学诉讼法学研究院 | 邮　编 | 100088 |
| 推荐成果名称 | 论刑事辨认 | | |
| 成果作者姓名 | 陈效 | | |

（对书稿的学术创新、理论价值、现实意义、政治理论倾向及是否达到出版水平等方面做出全面评价，并指出其缺点或不足）

在刑事诉讼中，刑事辨认是侦查机关查明案件事实的重要措施之一，刑事辨认证据的运用也较为普遍。但由于刑事辨认证据自身所存在的缺陷，在国内外司法实践中，其也成为导致冤错案件发生的一项重要原因。该书稿以刑事辨认为主题，对相关问题展开研究，具有一定的理论价值。

在该书稿中，作者首先梳理了国内外众多冤错案件中刑事辨认存在的各种问题，并在此基础上总结错误辨认与冤错案件的内在关联，进而明确研究刑事辨认的两个方向，这体现了该书稿在研究体例上的创新。同时，该书稿在分析国内外刑事辨认程序与刑事辨认证据具体问题的基础上，立足国情，提出了较为可行的对策，具有积极的现实意义。该书稿观点正确，结构严谨，行文规范，已达到出版水平。

签字：顾永忠

2017 年 1 月 17 日

**说明**：该推荐表由具有正高职称的同行专家填写。一旦推荐书稿入选《博士后文库》，推荐专家姓名及推荐意见将印入著作。